예수와 함께 죽고
예수로 사는 가정

예수와 함께
죽고

유기성·박리부가 지음

예수로 사는 가정

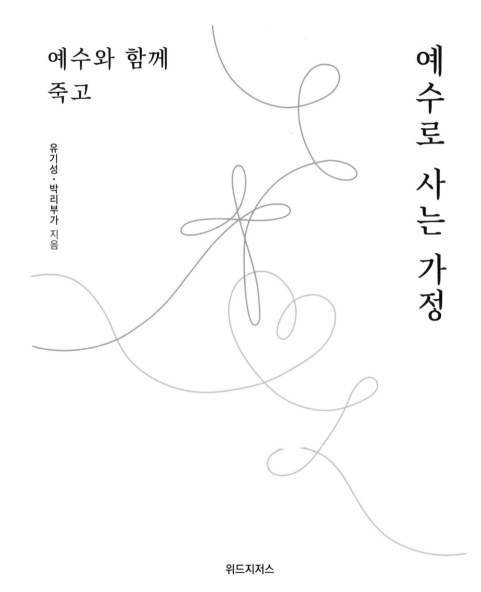

위드지저스

이 교재는 원래 제자훈련 교재인 《예수님의 사람》 안의 「천국 같은 가정」이라는 단원이었습니다. 성도들이 제자훈련을 통해 가장 많이 은혜받았던 단원이기도 했습니다. 그런데 《예수님의 사람》 제자훈련 교재를 개정하는 과정에서 빠지게 되었습니다. 가정 단원이 중요하지 않았기 때문이 아니라 가정 단원만 따로 훈련해야 할 필요를 느꼈기 때문입니다.

하나님은 우리에게 가정이라는 행복의 울타리를 선물해 주셨습니다. 가정은 모든 삶의 기초입니다. 가정이 건강하고 행복할 때, 우리의 삶과 우리가 속한 공동체들이 건강하고 행복해질 수 있습니다. 그러나 안타깝게도 우리의 가정은 온갖 상처와 고통으로 병들어 있습니다. 우리의 가정이 하나님이 계획하신 가정 설계도 위에 세워지지 못했기 때문입니다.

《예수님의 사람》 제자훈련 교재가 그렇듯이 이 교재도 예수님과의 인격적인 관계에 초점을 맞추고 있습니다. 하나님의 가정 설계도는 가정 안에서 서로가 예수님을 중심으로 관계 맺는 것입니다. 우리는 개인적으로 예수님을 바라볼 뿐만 아니라 부부가 함께 예수님을 바라봐야 하고, 예수님을 중심으로 가족들과 관계 맺어야 합니다. 그럴 때 우리의 가정은 하나님이 계획하신 대로 행복의 울타리가 될 수 있습니다.

　이 교재의 2단원 「아내는 예수님께 하듯이 남편에게 순종하라」는 제 아내(박리부가 사모)가 강의한 내용입니다. 아내의 입장에서 '남편에게 순종하라'라는 말씀을 이해하고 적용하는 것이 더 유익할 것이라는 생각이 들어서 교재에 그대로 반영했습니다. 이 교재로 진행된 가정세미나를 마친 한 집사님의 간증이 마음에 큰 은혜가 되었습니다.

　　교재를 예습하고 강의를 들으면서 우리 부부의 관계가 말씀에 기초하지 못함을 알게
　　되었습니다. 하나님께서는 부모를 떠나야 한다고 말씀하셨는데, 저는 부모에게 받았던

쓴 뿌리와 감정을 그대로 붙잡고 있었습니다. 그로 인해 남편을 괴롭히는 저의 모습을 마주하게 되었습니다. 저는 부부가 이미 한 몸인 것을 알지 못하고, 한 몸을 이뤄가야 하는줄 알았습니다. 저의 단점은 적당히 감추면서 정작 남편의 단점은 다른 사람에게 스스럼없이 이야기했습니다. 남편은 남편이었고, 저는 저였기 때문입니다. 한 몸이라고 생각하지 않았습니다. 그러나 이제 부부가 한 몸인 것을 알고 나니 남편을 세워주고 싶었습니다. 남편의 단점을 숨겨서 가려주고 싶었습니다. 남편의 단점이 곧 저의 단점으로 여겨지게 되어버렸습니다. 남편의 모든 것이 안쓰럽고 심지어 사랑스럽게 보이기 시작했습니다. 가정을 향한 하나님의 마음을 알고 나니 시댁과의 관계에서 있었던 모든 상처와 미움도 눈 녹듯 사라졌습니다. 제 마음에 이루어주신 실로 놀랍고 기적 같은 일에 대해 도무지 설명할 길이 없습니다. 저 스스로는 감히 해결할 수 없었고, 너무 아파서 건드릴 수조차 없었던 가정 내면의 문제를 해결해주신 하나님을 찬양합니다.

이 교재의 제목에 대해 고민하고 있을 때 주님은 《예수와 함께 죽고 예수로 사는 가정》이라는 제목이 생각나게 하셨습니다. '개인적인 삶에서만 나는 죽고 예수로 사는 것이 아니라 가정도 그래야 하는구나!' 하는 진리를 깊이 깨닫게 해주셨습니다. 이 교재를 통해 훈련받는 모든 분이 예수님과 함께 죽고, 예수님과 함께 사는 가정의 복을 누리시기를 바랍니다.

유기남 목사

차례

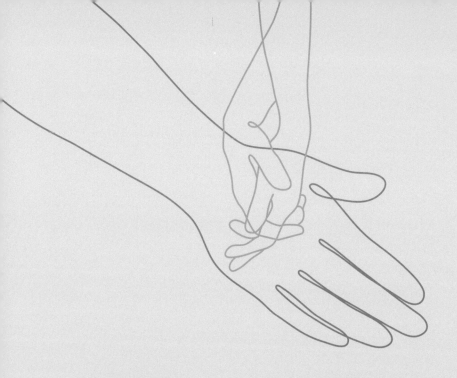

이렇게
훈련받으십시오

1. 매주 한 단원씩 반드시 예습합니다.

본 교재는 총 5단원으로 구성되어 있습니다. 5주간 진행되는 기간 동안 매주 예습을 통해 모든 질문에 대한 답변을 미리 적습니다. 모임을 가기 전날에는 질문에 대한 답뿐만 아니라 새롭게 깨달은 점, 은혜 받은 점을 정리합니다. 예습하면서 어려움이 있거나 의문 사항이 있으면 빈칸에 적어 두었다가 모임 시간에 함께 나누거나 인도자에게 개인적으로 질문하도록 합니다.

2. 매 단원의 「예수로 사는 가정」을 충실히 하시기 바랍니다.

본문과 관련된 핵심 질문입니다. 충분히 생각한 뒤에 답을 쓰시기 바랍니다. 본문의 내용을 숙지한 뒤 본인에게 적용하여 본문의 주제를 더 깊이 이해하고 적용할 수 있도록 합니다.

3. 미리 정한 시간에 맞춰 모임을 갖습니다.

일주일 동안 예습한 것을 확인하고 받은 은혜와 결단을 서로 나누는 시간입니다. 매일의 삶에서 실제적으로 적용하기 위해 궁금한 점을 서로 물으며 이야기를 나눕니다.

1단원

하나님의
가정 설계도

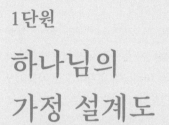

이러므로 남자가 부모를 떠나
그의 아내와 합하여
둘이 한 몸을 이룰지로다

창세기 2장 24절

당신의 가정은 행복합니까?

한 아이가 아빠에게 물었습니다.
"아빠, 천국은 어떤 곳이야?"
'천국을 어떻게 설명해줄 수 있을까?' 고민하던 아빠는
이렇게 대답했습니다.
"천국은 말이야, 우리 집 같은 곳이란다."
하나님이 계획하신 가정의 모습은 천국 같은 가정입니다.
하나님은 가정에서 천국을 맛보며 살도록 계획하셨습니다.
그렇다면 우리 가정은 천국처럼 행복합니까?
우리 가정이 얼마나 행복한지 진단해보십시오.
다음 표의 질문을 읽고 문항마다 A, B, C 중 하나를 선택해보십시오.

Q. 내가 생각하는 예상 점수는? (_____점 / 60점 만점)

질문	선택사항	체크
집에 들어오면 기분이 어떤가요?	편안하고 즐겁다.	A
	덤덤하고 별 느낌이 없다.	B
	신경이 날카로워진다.	C
가정 내에 전해져 내려오거나 함께 만든 가훈이 있나요?	가족 구성원 모두가 이를 마음속에 새기고 있다.	A
	가훈은 아니지만 나름대로 규칙은 있다.	B
	전혀 없다.	C
가족 상호 간에 일어나는 일에 대해 관심이 있는 편인가요?	관심을 가지고 돌봐주려고 애쓴다.	A
	대충은 알고 지낸다.	B
	무슨 일을 하든지 크게 상관하지 않는다.	C
가족의 식사 풍경은 어떤가요?	즐거워하며 많은 대화를 주고받는다.	A
	그저 그렇다.	B
	따로 먹을 때가 많고 함께해도 별 대화가 없다.	C
가족을 다른 사람에게 소개할 경우가 생기면?	자랑스럽고 좋다.	A
	부끄럽지는 않지만 꺼리게 된다.	B
	쑥스럽고 기가 죽는다.	C
온 가족이 함께 타인을 위해 도움을 준 적이 있나요?	꽤 좋아하고 자주 한다.	A
	가끔은 하는 편이다.	B
	별 기억이 없다.	C
평소 가족에 대해 원하는 부분과 필요한 부분이 있다면?	원하는 것을 다 가지진 못했지만 필요한 것은 다 있다.	A
	필요한 것은 웬만큼 있지만 아직도 원하는 게 많다.	B
	원하는 것도 필요한 것도 없다.	C

질문	선택사항	체크
가족과 함께 문화생활을 하나요?	한 달에 한 번쯤은 영화관이나 전시회, 서점 등을 간다.	A
	정한 규칙은 없지만 가끔 하는 편이다.	B
	포기한 지 오래다.	C
가족 간에 선물을 주고받는 일이 많나요?	자주 있으며 감사 표시를 잘하는 편이다.	A
	기념일(생일, 졸업, 결혼 등)은 잘 챙긴다.	B
	거의 없다.	C
행복이란 단어를 떠올리면 어떤 기분이 드나요?	내가 그 주인공이란 생각이 든다.	A
	언젠가는 행복해질 수 있을 거라 다짐한다.	B
	나와는 관계없는 일이란 느낌이 든다.	C
가족과 함께 있을 때 자주 웃나요?	하루에 한 번 이상은 웃는 편이다.	A
	가끔 웃는다.	B
	거의 웃음이 없으며 우스갯소리를 해도 반응이 없다.	C
가정에 위기가 닥치면 어떻게 대처하나요?	함께 해결하려고 애쓴다.	A
	포기하고 주저앉는다.	B
	서로 모른 척하고 뿔뿔이 흩어진다.	C
가족과 함께 지내는 시간이 많나요?	같이 지내는 시간이 많은 편이다.	A
	가끔은 함께 모인다.	B
	따로따로 지낼 때가 더 많다.	C
가족에게 긍정적인 감정 표현을 자주 하나요?	의식적으로 자주 하려고 노력한다.	A
	가끔 느낄 때마다 한다.	B
	거의 하지 않는 편이다.	C

예수와 함께 죽고 예수로 사는 가정

질문	선택사항	체크
평소 함께 공유하는 가족의 비전이 있나요?	구체적인 계획을 가지고 있다.	A
	가끔 생각해 보는 편이다.	B
	주어지는 대로 살아간다.	C
가족 간에 스킨십을 자주 하나요?	자주 포옹과 가벼운 입맞춤 등으로 분위기를 돋운다.	A
	가끔은 손을 잡아준다.	B
	전혀 하지 않는다.	C
평소 가족 간에 대화를 많이 하나요?	진지하고 의미 있는 대화를 자주 나눈다.	A
	그저 겉도는 이야기만 주고받는다.	B
	대화 자체가 단절되어 있는 편이다.	C
가족 간에 오해나 갈등이 생겼을 때 어떻게 하나요?	서로 마음의 상처를 주지 않도록 노력한다.	A
	자신의 관점을 밀고 나가는 편이다.	B
	대화 창구를 닫아버린다.	C
가족을 남과 비교할 때가 있나요?	비교보다는 좋은 점이 있다면 배워보려고 한다.	A
	가끔 비교하기도 한다.	B
	갖춘 조건을 비교하며 감정이 상할 때가 있다.	C
물질적인 부와 행복과의 관계에 대한 생각은?	행복에 도움을 주는 조건이다.	A
	행복과 관계없다.	B
	행복을 위해 반드시 필요한 조건이다.	C

출처 | 〈우리 가정 행복 지수〉《여성과 정책》2005 가을호

행복 지수는 체크 란에 표시한 A, B, C 각각의 개수를 세어 아래 괄호 안에 채워 넣고 해당 점수를 곱한 점수를 모두 더한 총점입니다.

A의 개수(　)개 × 3점 = ＿＿＿점
B의 개수(　)개 × 2점 = ＿＿＿점
C의 개수(　)개 × 1점 = ＿＿＿점
점수 합계 = 우리 가정 행복 지수 ＿＿＿점

■ 53점 이상 = **행복우등생 가정**
   최상의 행복을 누리고 유지하는 가정입니다.

■ 40-52점 = **평균치 가정**
   그런대로 행복의 의미를 알고 이를 추구하는 가정입니다.

■ 40점 이하 = **노력해야 할 가정**
   행복한 가정을 만들기 위해 가족 구성원의 노력이 매우 필요합니다.

Q. 내가 예상한 점수와 차이가 있습니까? 그 이유는 무엇입니까?

예수와 함께 죽고 예수로 사는 가정

① 하나님의 가정 설계도

이러므로 남자가 부모를 떠나 그의 아내와 합하여
둘이 한 몸을 이룰지로다

창세기 2장 24절

한번은 성령 집회 때, 성도들과 전도해야 할 가족을 위한 특별기도를 했던 적이 있었습니다. 그날 교회에서 특별히 손수건을 준비했습니다. 눈물의 기도를 위로하고 격려하기 위해서였습니다. 그런데 기도가 시작된 후, 준비한 손수건이 모자라서 당황했습니다. 그만큼 가정 구원을 위하여 기도하는 이들이 많다는 뜻이었습니다.

'우리 가족은 다 교회에 다니니까'라는 생각으로 안심하지 말아야 합니다. 사도행전 16장 31절에서 분명히 "주 예수를 믿으라 그리하면 너와 네 집이 구원을 받으리라."라고 말씀하셨습니다. 이 말씀은 가족들이 다 교회에 다니게 될 것이라고 말하지 않습니다. 진정한 구원이 가정에 임해야 합니다. 야곱은 믿음의 조상이고 그 아들들은 모두 하나님을 믿었습니다. 그런데 그런 가정에서 형들이 동생을 죽이려 하고 동생을 종으로 팔아버린 일이 일어났습니다. 그렇습니다. 하나님을 믿는다는 것만으로는 진정한 구원이라 할 수 없습니다.

가정 사역을 전공하는 어느 교수님이 하신 이야기입니다. 결혼하기 전, 예비 신랑 신부를 만나서 질문지를 주고 예비 배우자인 상대방의 장점을 쓰라고 하면 한 장 가득 메운다고 합니다. 그리고 장점을 다 쓰고 단점을 쓰라고 하면 서로 쳐다보며 웃기만 한다고 합니다. 서로의 단점을 찾기 어려워합니다. 그렇게 서로의 장점밖에 보이지 않던 예비부부들이 결혼하고 1년 후, 1년 전과 똑같이 상대방의 장점을 쓰라고 하면 쓸 것이 없다고 한답니다. 그리고 단점을 쓰라고 하면 뒷면까지 꽉 차게 써 내려 간다고 합니다.

모든 부부는 행복하기를 원하면서 왜 싸우는 것입니까? 바로 어떻게 살아야 하는지에 대한 공동의 기준이 분명하지 않기 때문입니다. 남편과 아내는 남편의 역할, 아내의 역할에 대하여 이러서부터 보고 들은 각자의 기준이 있습니다. 하지만 문제는 서로 보고 들은 것이 너무 다르다는 데 있습니다. 살면서 자꾸 싸우게 됩니다. 기준이 다르니 해결할 길이 없습니다. 행복하게 해주고 싶은 마음이 있어도 어떻게 배우자를 행복하게 해줄 수 있는지 알지 못합니다.

사자와 소가 결혼을 했습니다. 사자와 소는 서로를 사랑하는 마음이 가득했습니다. 사자는 소를 행복하게 해주고 싶었고, 소는 사자를 행복하게 해주고 싶었습니다. 사자는 소를 행복하게 해주려고 사냥한 날고기를 매일 소에게 갖다주며 먹으라고 했습니다. 반면 소는 열심히 풀을 뜯어 사자에게 먹으라고 했습니다. 사자와 소는 자기가 가장 좋아하는 것을 열심히 구해 서로에게 가져다줬습니다. 사자와 소는 행복했을까요? 서로를 사랑하는 마음은 간절한데 사자와 소는 왜 행복하지 못했습니까? 어떻게 해야 상대방을 행복하게 해줄 수 있는지 몰랐기 때문입니다.

사람들은 좋은 사람을 만나 결혼하길 원합니다. 하지만 좋은 사람을 만나는 것보다 더 큰 복은 자신이 좋은 사람이 되는 것입니다. '배우자가 나를 만난 것이 복이고, 자녀들이 나를 만난 것이 복인 사람'이 진정 복된 사람입니다. 살다 보면 나쁜 사람을 만날 때가 있습니다. 그러나 나쁜 사람을 만나는 것보다 더 끔찍하고 괴로운 일은 자신이 나쁜 사람이 되는 것입니다.

그렇다면 어떻게 해야 좋은 사람이 될 수 있을까요? 지금까지 알고 있던 모든 지식을 내려놓고 하나님께 다시 배워야 합니다. 결혼과 가정을 만드신 분은 하나님이십니다. 그러므로 행복한 가정을 이루는 하나님의 설계도를 알아야 합니다. 하나님의 가정 설계도는 무엇일까요?

1. 부부는 한 몸이다

Q. 에베소서 5장 31절에서는 결혼의 의미를 어떻게 정의하고 있습니까?

하나님의 첫 번째 가정 설계도는 부부가 한 몸이 되는 것입니다. 그런 의미에서 결혼은 하나가 되는 기적입니다. 사람들은 "에이, 어떻게 두 사람이 한 몸이 될 수 있어? 그냥 싸우지 말고, 서로 적당히 맞춰가면서 잘 살라는 뜻이겠지!"라고 해석합니다. 그렇지 않습니다. 예수님이 첫 기적을 행하신 곳이 결혼식장이었습니다. 그곳에서 물이 포도주가 되는 기적이 일어났습니다. 이 상징적 의미처럼, 주님 안에서의 결혼은 기적이 됩니다. 그리고 그 기적은 바로 부부가 한 몸이 되는 것입니다.

그렇다면 부부가 한 몸이 되는 기적은 어떻게 일어날 수 있을까요? 성경은 먼저 "부모를 떠나."라고 말합니다. 부부가 하나가 되는 일에 '부모로부터 떠남'이 분명해야 합니다. 배우자와 하나됨을 느끼지 못하는 이유는 대부분 부모의 영향력에서 벗어나지 못했기 때문입니다.

부모를 떠나라는 말은 "효도하지 마라.", "부모를 버리라."라는 말이 아닙니다. 부부가 하나 되는 것을 먼저 해야 한다는 말입니다. 부부가 하나가 되어야 그때 진정한 효도가 됩니다.

살다 보면 자신도 자기의 감정이나 행동을 이해하지 못할 때가 있습니다. '왜 자꾸 슬픈지, 무엇이 그렇게 억울한지, 왜 이런 행동을 하고 싶은지, 왜 화가 나는지' 이것들은 대부분 그 사람이 어릴 적에 받은 영향이나 상처로 인해 생긴 것입니다. 그래서 부부 사이에 어릴 적 이야기를 자주 할 필요가 있습니다. 그러면 배우자가 왜 그런 행동을 하며, 어떤 감정을 가지고 반응하는지 이해할 수 있습니다. 부모를 떠나는 것은, 결혼 전에 부모로부터 받았던 마음의 상처를 치유 받는 것도 포함되어 있습니다.

해 마음의 큰 상처를 받았다는 것입니다. 저는 상담 중에 성령께서 깨닫게 하시는 것을 느꼈습니다. 그 자매가 한 형제를 만나서 결혼하게 될 터인데, 아버지로부터 받은 상처를 치유 받지 못한 채로 결혼한다면 그 형제를 괴롭게 할 것이 깨달아졌습니다. 그리고 성령의 인도하심에 따라 깨닫게 하신 것을 자매에게 말했습니다. 자매는 제 말을 듣고 하염없이 눈물을 흘렸습니다. 자매는 결국 아버지께 사랑한다고 말하기로 결단했습니다.

성경은 "부부가 한 육체가 될지니"라고 말합니다. 이것은 부부가 하나 되도록 노력하라는 것이 아닙니다. 하나 되는 것은 결혼을 통해 이미 이루어졌습니다.

Q. 에베소서 5장 31-32절에서는 부부가 한 몸인 것을 어떤 관계에 비유해서 설명합니까?

남편과 아내의 관계는 예수님과 교회의 관계와 같습니다. 십자가 복음은 예수님이 죽으신 십자가에서 우리는 죽었고, 부활의 영광에 함께 참예하는 자가 되었다고 말합니다. 교회인 우리는 연약하고 부족합니다. 하지만 십자가를 통하여 예

수님과 결코 분리될 수 없는 한 몸이 되었습니다. 성경은 이 진리가 부부 관계에도 동일하게 적용된다고 말합니다. 이것은 놀라운 비밀입니다. 우리는 예수님과 한 몸임을 믿습니다. 그렇다면 하나님이 부부를 한 몸 되게 하셨다는 사실도 믿어야 하지 않겠습니까?

구원의 사건, 즉 예수님과 우리가 연합하여 한 몸이 되는 것은 전적인 하나님의 은혜입니다. 마찬가지로 남편과 아내가 하나 되는 것도 은혜로 된 것입니다. 결혼하는 순간, 남편과 아내는 한 몸이 됩니다. 이것을 굳게 믿어야 합니다. 그래야 부부입니다. 많은 부부가 갈등이나 문제가 생기면 이혼을 생각합니다. 그 이유는 이혼이 선택할 수 있는 대안이라고 생각하기 때문입니다. 믿는 사람들에게 이혼은 행복을 향한 대안이 될 수 없습니다. 이혼은 하나님의 가정 설계도를 믿지 못하는 사람들의 불행한 선택입니다.

가정상담 전문가 주디스 S. 월러스타인Judith S. Wallerstein은 《우리가 꿈꾸는 행복한 이혼은 없다》(명진출판)라는 책을 냈습니다. 이 책은 기독교 서적이 아닙니다. 이혼한 가정 구성원들의 삶을 25년 동안 추적해 객관적으로 관찰하고 통계 낸 일반 서적입니다. 이 책의 결론은 '아무리 그 길밖에 없어 보여도 이혼은 답이 아니다.' 입니다. 이혼은 더 큰 불행의 시작이라는 것입니다. 책의 마지막에서 이렇게 말하는 대목이 나옵니다.

"이혼은 당사자에게도, 자녀들에게도 배신이 두려워 진실한 사랑을 거절하게 만든다."

이 얼마나 불행한 일입니까?

부부 갈등이 심해서 이혼하는 것이 아니라, 이혼도 가능하다고 생각하니까 부부 갈등이 이혼으로 가는 것입니다. 마가복음 10장 9절을 보면 "하나님이 짝지어 주신 것을 사람이 나누지 못할지니라."라고 하셨습니다. 이 말씀은 나의 배우자는 하나님이 맡겨 주신 사람이라는 말입니다.

만약 주님께서 우리에게 "네 남편, 네 아내를 위해 희생하고 사랑하고 도우며 살다가 오너라."라고 직접 나타나 말씀하신다면 "억울해요. 못해요. 죽겠어요."라고 하겠습니까? 부부 관계에 어려움이 있을 때 영적인 눈이 뜨이지 않았다면 당장 이혼해도 이상하지 않을 것 같고 차라리 죽고 싶은 심정이 들 수 있습니다. 하지만 영적인 눈이 뜨이면 모든 것이 다르게 보입니다. 아무리 힘들고 어려워도 주님의 말씀에 순종하다가 주님 앞에 가면 이 세상에서의 고생은 아무것도 아니게 여겨질 것입니다.

부산에서 행려자 급식소를 할 때 있었던 이야기입니다. 식사하러 오시는 분들은 모두 행려자였습니다. 냄새나는 분들도 있었고, 거친 태도를 보이시는 분들도 계셨습니다. 한 집사님께 행려자 급식을 섬겨 달라고 부탁했습니다. 그 집사님은 최선을 다해 열심히 그들을 섬기고 봉사하셨습니다. 시종일관 미소를 잃지 않으셨고 마치 남편이나 가족을 대하듯이 정성스럽게 섬기셨습니다. 집사님은 봉사를 마치고 가시면서 이렇게 말씀하셨습니다.

"목사님, 목사님의 부탁을 받고 오늘 하루는 이 사람들의 종이라 생각하고 섬겼어요."

그렇습니다. 아무리 섬기기 어려운 사람이라고 한들, 하나님께서 하루 동안 가서 섬기라면 못하겠습니까? 우리는 천국에서 영원한 삶을 삽니다. 영원의 삶 중에 우리가 이 땅에서 살아가는 일생은 우리가 생각하는 것보다 짧습니다.

부부로 살다 보면 두 사람이 한 몸이라는 믿음이 시험받을 때가 옵니다. 그때 "우리는 아직 한 몸이 아니구나. 한 몸이라고 느껴질 때까지 기다려야겠다."라고 생각하면 평생 한 몸 됨을 누리지 못합니다. 부부가 정말 하나가 되려면 무엇보다 믿음을 사용해야 합니다. 하나님께서 "결혼했으면 부부는 한 몸이다."라고 하셨다면 이제부터 배우자와 자신을 한 몸으로 받아들여야 합니다.

> 한 목사님이 한경직 목사님께 어떻게 하면 목회를 잘할 수 있는지 물었답니다. 한경직 목사님은 "안 싸우면 교회가 잘 된다."라고 하셨답니다. 교회만 그렇겠습니까? 가정이야말로 그렇습니다. 우리나라 고사성어 중에 '가화만사성(家和萬事成)'이라는 말이 있습니다. 집안이 화목하면 모든 일이 잘된다는 뜻입니다. 그 어떤 것보다 가정이 먼저 화목해야 합니다.

화목하고 행복한 가정을 이루는 비결은 황당할 정도로 간단합니다. 부부가 한 몸인 것을 굳게 믿는 것입니다. 성경은 "하나 되게 하신 것을 힘써 지키라(엡 4:3)"고 했습니다. 이 말씀은 부부에게도 적용됩니다. 부부가 결혼 후에 해야 하는 일은 하나됨을 힘써 지키는 것입니다. 결혼하기 전에는 상대방에게 "당신은 왜 그래!"라고 말할 수도 있습니다. 하지만 결혼하고 부부가 된 이후에는 "당신은 왜 그래!"라는 말은 할 수 없습니다. "나는 왜 이렇지!"라고 해야 합니다. 기도도 "주님, 배우자를 변화시켜 주소서."가 아니라 "주님, 나를 변화시켜 주소서."가 돼야 합니다. 이것이 배우자를 변화시키는 지름길입니다.

　　미국에 갔다가 한 귀한 목사님을 만난 적이 있습니다. 목사님은 결혼을 약속한 자매가 있었습니다. 그런데 목사님이 미국에서 유학을 하던 중에 자매가 암에 걸렸습니다. 자매는 미래가 절망스러웠고 스스로 파혼까지 결심했습니다. 자매는 목사님에게 미안한 마음에 차마 얼굴을 볼 수 없어 만나기를 피했습니다. 하지만 목사님은 포기하지 않고 한국으로 건너와 자매를 찾아갔습니다. 자매를 찾아간 목사님은 하지 못하고 꾹꾹 눌러 담았던 말을 자매에게 했습니다.

　　"나는 당신과 결혼을 약속한 순간부터 한 몸이오."

　　결국 목사님은 자매와 결혼했고 함께 미국으로 가서 치료를 받았습니다. 지금은 건강도 회복해서 아이도 낳고 귀한 사역자로 살고 있습니다.

사람들은 사랑하기 때문에 결혼한다고 합니다. "사랑에 빠졌다. 쳐다만 봐도 행복하다."라고 말합니다. 하지만 이런 사람들은 얼마 가지 않아서 "속았다. 실망했다. 내 눈이 이상했다."라고 말하며 위기를 겪습니다. 그 이유는 결혼을 결심한 근거가 잘못되었기 때문입니다. 사랑하기 때문에 결혼하는 것이 아니라 더 정확히 말하자면 사랑하기 위해 결혼하는 것입니다. 하나님이 결혼을 통해 배우자를 사랑하게 하시려고 사랑에 빠지게 하신 것입니다.

2. 가정의 중심은 부부다

부부가 된다는 것은 남녀가 만나 한 몸이 되는 것입니다. 이 말은 가정의 중심은 부부라는 말입니다. 하나님의 가정 설계도에 따르면 한 몸인 부부의 관계가 온전해야, 다른 가족과의 관계도 건강할 수 있습니다.

> 지구촌교회 원로목사인 이동원 목사님이 미국에서 어느 결혼식에 참석했습니다. 그 결혼식에서는 신랑과 신부만 서약하는 것이 아니라 신랑 신부의 부모도 다음과 같이 서약하더랍니다.
>
> "신랑 신부의 부모는 사랑하는 아들과 딸이 결혼한 후에 이 두 사람 사이에 서지 않기로 약속하시겠습니까?"

결혼한 이후에는 부모와의 관계보다 더 우선순위가 돼야 하는 것이 부부 관계입니다. 아내가 남편 모르게 헌금한 일, 남편이 아내 모르게 시부모님께 용돈을 드리는 일은 부부 관계에 종종 일어나는 일입니다. 헌신도, 효도도, 다 좋은 일이지만 남편이나 아내와 의논하지 않고 한 일은 아무리 의도가 좋다고 해도 잘못된 일입니다. 한쪽의 일방적인 행동으로 인해 부부의 하나됨이 다치기 때문입니다. 부부는 한 몸이기 때문에 부모님께 효도하는 것도 기혼일 때와 미혼일 때 하는 방법이 달라야 합니다. 결혼한 자녀가 부모와 관계를 맺는 데 가장 중요한 것은 먼저 부모를 떠나는 일입니다. 부모를 떠나야 자신의 배우자와 온전한 연합을 이룰 수 있습니다. 남편과 아내가 먼저 한 몸을 이루고, 한 몸으로서 부모를 공경해야 합니다. 기혼 자녀에게 부모에 대한 효도보다 더 중요한 것은 부부의 하나됨입니다. 행복하지 않은 부부가 부모님을 잘 모신다는 것은 불가능합니다. 부모가 자녀로부터 효도 받으려면 자녀의 부부 사이가 행복하도록 도와주면 됩니다. 하지만 부부의 관계는 제삼자가 만들어줄 수 없습니다. 부부 스스로가 이 점을 바로 깨닫고 인정해야 합니다.

찰스 프레드릭 와이글Charles F Weigle 목사님은 전국을 돌아다니면서 수많은 집회를 인도했습니다. 그러다 보니 자연스레 집에 있는 시간보다 밖에 나가 있는 시간이 더 많았습니다. 떨어져 있는 시간이 많다 보니 사역을 핑계로 가정에 소홀했습니다. 이런 생활이 몇 년 동안 계속되자 그의 아내는 견디지 못하고 "당신 같은 남편 믿고 일평생을 살 수 없어!" 하고 집을 떠났습니다. 그제야 목사님은 그동안의 삶을 후회했습니다. 하지만 아내는 더 이상 자신의 아내가 아니었습니다. 이미 다른 사람의 아내가 되고 말았습니다. 목사님은 심한 좌절에 빠졌습니다. 극심한 괴로움에 목회를 그만두고 죽어버려야겠다고 생각했습니다. 목사님은 자살하기 위해 절벽에서 몸을 던지려 했습니다. 그러나 절벽 아래로 몸을 던지려는 순간, 하나님의 음성을 듣게 됩니다.

"네 아내는 너를 떠났지만 너는 나와 함께 살자!"

목사님은 하나님의 음성으로 용기를 얻었습니다. 새로 주어진 삶을 목회하며 살기로 결심했습니다. 그리고 그 결심을 「예수가 함께 계시니」라는 찬송가로 썼습니다. 시험이

예수와 함께 죽고 예수로 사는 가정

와도, 친구가 없어도, 예수님의 이름을 증거 하면서 예수님을 위해 살자는 내용의 찬송
이었습니다.

와이글 목사의 이야기를 보고 어떤 생각이 들었습니까? 언뜻 생각하면 열심히
사역하는 남편을 버리고 집 나간 아내가 잘못했다고 생각할 수 있습니다. 하지만
와이글 목사도 분명히 잘못했습니다. 우리 믿는 사람에게는 세상의 직업이나 사
명도 중요하지만, 그 모든 것 위에 가정이 가장 중요합니다. 성경을 보면 하나님
이 제일 먼저 가정을 세우시고, 가정을 사명으로 이끌어 가야 할 것을 명령하셨습
니다. 하나님이 성경에서 말씀하시는 가정의 핵심은 부부입니다.

수험생을 둔 어느 가정이 있었습니다. 남편이 퇴근하여 부엌에 가보니 접시에 과일이
있었습니다. 남편이 과일을 먹으려 하자 아내가 남편에게 말했습니다.
"여보, 손대지 마세요. 그거 애들 먹을 거예요."

자녀를 낳으면 아내나 남편보다 자녀를 우선시할 때가 많습니다. 삶의 중심도,
우선순위도, 애정도도, 자녀에게 향하는 경우가 대부분입니다. 자녀가 우선시되
면 아내는 남편을, 남편은 아내를 소홀히 대하기도 합니다. 그러나 자녀 관계보다
부부 관계가 더 중요합니다. 우선순위를 부부 관계에 둬야 합니다. 자녀가 태어나
도 가정의 중심은 언제나 부부입니다.

3. 부부는 다르게 창조되었다

부부가 행복하게 사는 것이 어려운 이유는 남자와 여자가 다르기 때문입니다. 남자와 여자는 태생적으로 생각과 기질이 아예 다릅니다. 근본적인 성향의 차이도 있고 서로 자라면서 보고 들은 것도 다릅니다. 또한 개개인이 자라며 겪은 환경도 모두 다릅니다. 존 그레이^{John Gray}는 《화성에서 온 남자 금성에서 온 여자》(동녘라이프)에서 남편과 아내의 대표적인 불만 두 가지를 말하고 있습니다.

> 여자들이 남자들에게서 가장 흔히 느끼는 불만가운데 하나는, 그가 자신의 이야기에 귀를 기울이지 않는다는 것이다. 남자들은 보통 여자가 말을 하면 그냥 무시해 버리든가, 아니면 몇마디만 듣고 자기 마음대로 문제가 무엇인지 판단하고는 자랑스럽게 수리공 모자를 눌러쓰고 그녀의 기분이 나아질 수 있는 해결 방안을 제시하는 것이다. 여자는 공감을 기대하는데 남자는 그녀가 문제를 해결해 주기를 바란다고 생각하는 것이다. 남자들이 흔히 느끼는 불만가운데 하나는 여자들이 늘 그들을 변화시키려 한다는 것이다. 한 여자가 남자를 사랑하게 되면 그녀는 그가 조금이라도 나아지게 하는 것이 자기가 할 일이라고 느끼고 그때까지의 그의 생활을 개선시키려고 노력하게 된다. 그녀는 가정진보위원회를 조직하고, 그를 일차적 대상으로 삼는다. 그가 아무리 도움을 마다해도 그녀는 기회가 있을 때마다 그에게 할 일을 일러주고 도움을 제공하려 든다. 여자는 자기가 그를 보살피고 있다고 생각하겠지만 남자는 그녀에게 조종당하고 있다고 느낀

예수와 함께 죽고 예수로 사는 가정

다. 남자가 원하는 것은 그녀에게 인정받는 것이다.

남편과 아내가 이렇게 다른 것은 하나님이 남자와 여자를 다르게 만드셨기 때문입니다. 서로 달라야 매력을 느낍니다. 둘이 만나서 어차피 한 몸을 이뤄야 하는데 둘을 만드신 이유가 무엇입니까? 아담은 하와를 보고 첫눈에 반했습니다. 자기와 달랐기 때문입니다. 보통 이성에 눈을 뜰 나이가 되면 자기와 다른 점 때문에 이성에게 끌립니다. 그런데 문제는 서로에게 끌렸던 다른 점이 선악과를 따 먹은 후에 갈등의 원인으로 변한다는 것입니다. 결혼 전에는 그토록 매력적으로 보였던 점이 결혼 후에는 서로를 힘들게 하는 이유가 되는 것입니다.

저희 부부가 결혼하고 나서 첫 번째로 마주했던 갈등은 밥 먹는 문제였습니다. 저는 남자 형제들이 많은 가정에서 자랐습니다. 그래서 밥 먹을 때는 항상 누가 빨리 먹느냐가 관심사였습니다. 음식의 맛보다는 양이 중요했습니다. 반찬 타령하면 나쁜 아이였고 어떤 반찬이든지 말없이 잘 먹어야 착한 아이였습니다. 아내와 결혼한 이후에는 식사 시간이 너무 행복했습니다. 식사 시간이 행복했던 저는 행복한 마음을 표현하고 싶어 말없이 열심히 먹었습니다. 그러나 아내는 달랐습니다. 아내는 자매들이 많은 가정에서 자랐습니다. 아내의 가정은 밥 먹는 시간이 가장 즐겁게 대화하는 시간이었습니다. 저희 집의 분위기와 완전히 달랐습니다. 음식이 맛있으면 "맛있다."라고 자연스럽게 표현했고, 아무 말이 없으면 '맛없다.'라는 의미였습니다. 저희 부부가 자라온 환경이 달라서 서로 생각하는 이상적인 식사가 다르니 갈등이 생긴 것입니다.

하나님이 남자와 여자를 얼마나 다르게 만드셨을까요?

남자	여자
목표 지향적	관계 지향적
경쟁적, 일 중심	수용적, 사람 중심
객관적	주관적
지적, 논리적	감정적, 직관적
포괄적	구체적(작은 일에 신경 쓴다.)
대화ㅣ정보 교환, 실제 해답을 찾는 도구	대화ㅣ관계의 다리, 긴장을 푸는 과정
질문ㅣ사생활 침해, 간섭의 의미	질문ㅣ친밀감, 돌봄의 의미

부부들이 싸우는 이유는 대부분 어느 한쪽이 틀렸기 때문이 아닙니다. 서로 다르기 때문입니다. 서로의 다름을 배우지 않으면 싸워도 해결되지 않습니다. 화해하려고 대화하다가 더 싸웁니다. 부부싸움 해결의 첫걸음은 서로에 대해 배우는 것입니다.

《빛과 소금》(두란노)이라는 잡지에 실린 한 부부의 이야기입니다. 무엇 하나 부족한 것이 없는 이상적인 남녀가 결혼했는데, 갈등이 너무 심했습니다. 남편은 자로 잰 듯 정확한 것을 좋아하나, 아내는 구불거려도 즐거우면 만사가 오케이였습니다. 상황이 이렇다 보니 남편의 눈에는 아내가 원칙과 기준이 없는 '대책 없는 사람'으로 여겨졌고, 아내의 눈에 남편은 앞뒤가 꽉 막힌 '융통성 제로의 사람'으로 비쳤습니다.

아내는 신혼여행 때 버스표를 두고 나오기도 하고, 결혼예물을 잃어버리기도 했습니다. 매사에 꼼꼼한 남편은 덤벙거리는 아내에게 실망했습니다. 아내를 문제가 많은 여자라고 생각했습니다. 남편은 아내를 다그칠 수밖에 없었습니다. 남편의 다그침에 아내는 점점 상처받았습니다. 결혼하기 전에는 집에서나 학교에서나 교회에서 늘 인정받으며 살았는데 이상하게도 남편의 눈에는 별나라에서 온 외계인이었던 것입니다. 아내는 남편에게 지적만 받다 보니 자존감이 떨어졌습니다. 밤마다 울면서 잠자리에 들었고 우울증에 빠졌습니다. 발랄함이 주특기였던 그녀에게 남편은 그야말로 감옥이었습니다. 결국에 아내는 '이혼 선언'을 했습니다.

그때 하나님이 두 사람의 눈을 열어주셨습니다. 두 사람은 하와이 코나에서 예수제자 훈련학교인 DTS(Discipleship Training School)에 참가했다가 MBTI(성격유형검사)를 받았습니다. 남편은 사고만 친다고 늘 '불량품'이라는 꼬리표가 따라다녔던 아내가 불량품이 아니라 정품이란 걸 알게 되었습니다. 아내가 미운 오리 새끼에서 백조로 거듭나는 순간이었습니다. 남편은 아내가 왜 그런 행동을 했는지 그제야 고개를 끄덕거렸습니다.

남녀의 차이를 알면 싸울 일이 없어집니다. '아, 그래서 그랬구나!' 하며 이해할 수 있게 됩니다. 나와 상대방이 무엇이 다른지 이해하려고 노력해야 합니다. 서로에 대한 이해가 커질수록 가정의 행복도 커집니다.

4. 행복은 예수님 안에서 찾아야 한다

남자와 여자는 어느 시점부터 부부가 되는 것일까요? 결혼식이 끝나면 되는 것일까요? 혼인신고를 해서 법적으로 부부가 되면 되는 것일까요? 그렇지 않습니다.

Q. 에베소서 5장 22, 25절에서 아내와 남편에게 주신 명령을 하나씩 찾아 써 보십시오.

결혼과 동거에는 분명히 차이점이 존재합니다. 안타까운 것은 많은 부부가 결혼과 동거의 차이를 모른다는 것입니다. 서로 좋아서 함께 사는 것은 아무리 거창

한 결혼식을 치르고 법적으로 혼인신고를 마쳤어도 동거하는 관계일 뿐입니다. 하지만 결혼은 동거와 다릅니다. 결혼은 서로의 약속이 있는 관계입니다. 그 약속은 바로 사랑입니다. 그런데 이 사랑은 아내와 남편에게 조금씩 다르게 적용됩니다. 남편을 향한 아내의 사랑은 '순종하는 사랑'이고 아내를 향한 남편의 사랑은 '책임지는 사랑'입니다.

남자가 사랑하는 여자에게 프러포즈할 때, 그 말은 단순히 함께 살자는 의미가 아닙니다. '이제부터 당신의 모든 허물과 잘못을 다 내가 책임지겠다.' 하고 약속하는 것입니다. 또한 여자가 남자의 프러포즈에 승낙하는 것은 단순히 함께 사는 것을 허락한 것이 아닙니다. '이제부터 당신에게 순종하며 살겠다.'라고 약속하는 것입니다.

하나님은 함께 산다고 해서 남편과 아내가 된다고 하시지 않았습니다. 아내가 주께 하듯 남편에게 순종하고, 남편은 아내의 죄도 대신 짊어질 마음으로 사랑할 때, 비로소 남편과 아내가 된다고 하셨습니다. 그러나 이 약속은 쉽게 지켜지지 않습니다. 아내가 가장 지키기 힘든 것이 남편에게 평생 순종하며 사는 것입니다. 왜냐하면 아내가 평생 순종할 수 있는 완벽한 남편은 그 어디에도 없기 때문입니다. 남편도 마찬가지입니다. 아내가 언제나 사랑스러운 사람은 없습니다. 그런데 어떻게 평생 아내를 위해 희생하며 살 수 있습니까?

어느 유명한 영화배우는 여러 유명인과 결혼과 이혼을 반복하며 살았습니다. 그녀는 기자와의 인터뷰에서 "살아 보니 대단한 남자 없더라."라고 했습니다. 여러번 결혼과 이혼을 반복한 사람도 대단한 남자가 없다고 합니다. 그런 남자에게 순종하라니 기막힌 일이 아닙니까? 그러나 반대로 이런 여자를 사랑하라는 것은 또 어떻습니까?

> 빌리 그레이엄*Billy Graham* 목사님이 텍사스에서 전도 집회를 할 당시, 한 기자가 사모님께 "남편하고 이혼해야겠다고 생각해 본 적이 있으신가요?"라고 물었습니다. 그러자 사모님은 "저희 남편은 365일 전도대회로 돌아다녀요. 혼자 미국에서 5남매를 키운다는 것은 보통 일이 아니에요. 이혼을 생각해 보지는 않았지만 죽이고 싶다는 생각은 들었습니다."라고 했답니다. 은혜가 필요 없는 가정은 단 한 가정도 없습니다.

평생 누군가를 사랑하고 순종하는 것은 결심한다고 되는 일이 아닙니다. 노력해서 되는 일도 아닙니다. 아내를 사랑하는 남편, 남편에게 순종하는 아내로 살수 있는 열쇠는 남편과 아내가 예수님을 바로 믿을 때 이뤄지는 것입니다. 성경은 그저 "남편은 사랑하라. 아내는 순종하라."라고 하지 않았습니다. 성경이 말하는 사랑과 순종에는 기준이 있었습니다. 그 기준은 '예수님이 하시듯이' 하라는 것입니다.

> 남편들아 아내 사랑하기를 그리스도께서 교회를 사랑하시고 그 교회를 위하여 자신을 주심 같이 하라 에베소서 5:25
> 아내들이여 자기 남편에게 복종하기를 주께 하듯 하라 에베소서 5:22

이는 예수님과 친밀한 관계가 전제된 명령입니다. 더 행복한 삶을 살기 위하여 결혼해 놓고 싸우며 사는 이유는 단 하나입니다. 배우자에게 자신을 행복하게 해 달라고 요구하기 때문입니다. 사람들은 결혼하면 행복해질 것이라고 기대합니다. 그래서 결혼하고 행복하지 않으면 "실망스럽다. 상처받았다. 섭섭하다."라고 합니다. 이는 결혼의 근본적인 동기가 잘못되었기 때문입니다. 상대방을 통해 자신이 행복해지려 하기 때문입니다.

부부의 주변 사람들도 마찬가지입니다. 너무나 쉽게 "남자가 손해니, 여자가 손해니"라는 말을 합니다. 남편에게는 "바보같이 마누라에게 쥐어 살지 마!"라고 하고, 아내에게는 "네가 어디가 모자라서 남편에게 죽어 사니!"라고 합니다. 결혼할 때는 박수치지만 실제로는 싸움을 붙이는 사람이 많습니다.

남편도 아내도 명심해야 하는 사실이 있습니다. 결혼은 배우자가 자신을 행복하게 해주기 위해 하는 것이 아닙니다. 이 사실을 절대 착각하면 안 됩니다.

예수님을 믿는 남편이 좋은 이유가 무엇인지 아십니까? 행복한 사람이기 때문입니다. 예수님을 믿는 아내가 좋은 이유가 무엇인지 아십니까? 행복한 사람이기 때문입니다. 예수님을 믿는 사람은 죄와 저주에서 해방되었습니다. 하나님의 사랑을 알고 하나님의 놀라운 계획을 믿습니다. 또한 영원한 영생의 복을 받았습니다. 무엇이 더 부족하겠습니까? 예수님을 믿는 사람은 이미 행복한 사람입니다. 남편의 사랑 표현이 부족하면 어떻습니까? 아내가 자꾸 바가지를 긁으면 어떻습니까?

어느 사모님의 수기 가운데 이런 내용이 있습니다.

"남편을 하늘이라 말하고 아내를 땅이라고 말할 때, 남편은 비 한 방울 내리지 못하는 원망스러운 하늘이었습니다. 땅이 메마르고 갈라지고 있는데도 사정을 모르는 무심한 하늘이었습니다. 그러나 저는 비 한 방울 내리지 않는 하늘을 원망하지 않았습니다. 무심한 하늘이 원망스럽지 않았습니다. 왜냐하면 새로운 하늘로부터 내리는 은혜의 단비를 받았기 때문입니다. 새 하늘의 단비가 있었기에 저의 심령은 사막이 되지 않았습니다. 젖과 꿀이 흐르는 새로운 땅이 되어 이제까지 살아왔습니다."

살면서 원망스러운 하늘이 얼마나 많겠습니까? 그 하늘이 배우자가 될 수도 있지만 부모나 자식이 될 수도 있습니다. 원망스러운 하늘을 만날 수 있지만 새로운 하늘이신 예수님을 만나면 그분이 우리에게 새로운 기쁨을 더해주십니다. 만물의 주인이시고 사랑의 본체이신 예수님께서 나를 사랑하셔서 나와 함께하십니다. 이 진리를 믿는다면 무엇이 부족하겠습니까? 그런 남편, 그런 아내라 할지라도 평생 사랑으로 섬기면서 예수님 안에서 내가 누리는 행복을 전해주고 싶어질 뿐입니다. 정말 복된 결혼은 예수님을 믿고 행복을 찾은 사람이 배우자에게 자신의 행복을 주려고 하는 결혼입니다. 예수님을 영접한 사람은 배우자에게 요구할 행복이 없습니다. 이미 예수님으로 행복하기 때문입니다. 예수님으로 행복하지 못한 사람이라면 누가 그 사람을 행복하게 해줄 수 있겠습니까?

아내의 순종과 남편의 사랑 중에 어느 쪽이 더 어려운지 논쟁할 필요가 없습니다. '나는 죽고 예수로 살면' 저절로 되는 것이기 때문입니다. 아내의 자아가 죽으면 순종이 나오고, 남편의 자아가 죽으면 사랑이 나옵니다. 공통적인 핵심은 더는 자신을 위해 살지 않는 것입니다. 배우자를 위해 살게 됩니다. 예수님이 자신을 통해 배우자를 행복하게 만들어주십니다. 그래서 아내는 순종하게 되고 남편은 사랑하게 되는 것입니다.

"아내는 순종하라. 남편은 사랑하라."는 예수님 안에서 행복한 사람에게 해당하는 말씀임을 알아야 합니다. 행복하지 않은 아내는 결코 남편에게 순종할 수 없습니다. 남편도 마찬가지입니다. 예수님 안에서 행복하지 않은 남편은 아내를 사랑할 수 없습니다. 그 이유는 순종과 사랑이 힘들기 때문이 아닙니다. 자신이 행복하지 않으니 힘들게 여겨질 뿐입니다.

그러므로 남편과 아내는 더욱 예수님을 바라봐야 합니다. 행복하려고 결혼해 놓고 왜 싸우며 사는 것입니까? 언제나 함께하시는 예수님을 바라보지 못하기 때문입니다. 예수님과의 관계에 문제가 생긴 것입니다. 부부가 예수님이 함께하시는 것을 믿는다면 부부싸움을 하려고 해도 할 수가 없을 것입니다. 예수님을 바라보는 아내는 남편에게 순종할 수 있습니다. 예수님을 바라보는 남편은 아내에게 희생할 수 있습니다. 행복한 가정이 이뤄지지 않을 수 없습니다.

선한목자교회
〈행복플러스 가정세미나〉강의

예수와 함께 죽고 예수로 사는 가정

■ 배우자의 행동 중에 아직도 이해하기 어려운 행동이 있다면 써 보십시오.
  그런 행동에 대해 지금까지 여러분은 어떻게 반응했습니까?

■ 부부를 하나 되게 하지 못하는 가장 큰 원인 무엇입니까?
  그 문제를 극복하려면 어떻게 해야 할까요?

■ 미안해요 & 사랑해요

부부가 서로를 사랑하고 용서할 때 천국 같은 가정이 이뤄집니다.

생각이 잘 안 나더라도 지금까지 배우자에게 미안했던 일 10가지를 꼭 써 보십시오.

배우자에게 미안했던 일

1.

2.

3.

4.

5.

6.

7.

8.

9.

10.

■ 고마워요 & 사랑해요

부부가 서로를 사랑하고 용서할 때 천국 같은 가정이 이뤄집니다.

생각이 잘 안 나더라도 지금까지 배우자에게 고마웠던 일 10가지를 꼭 써 보십시오.

배우자에게 고마웠던 일

1.
2.
3.
4.
5.
6.
7.
8.
9.
10.

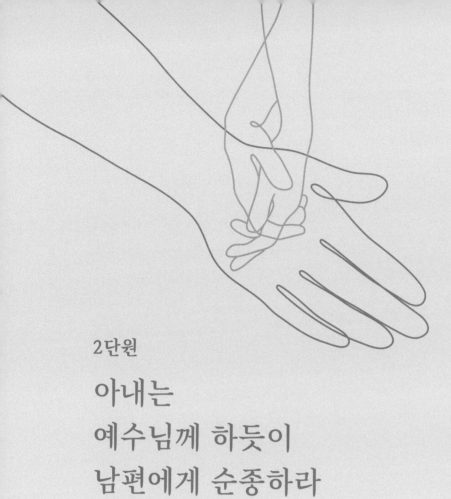

2단원

아내는
예수님께 하듯이
남편에게 순종하라

아내들이여 자기 남편에게 복종하기를
주께 하듯 하라
에베소서 5장 22절

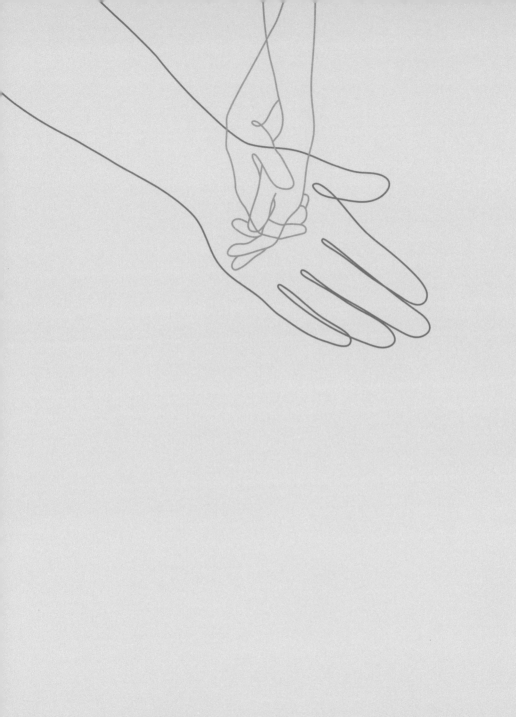

"여보, 제발 이것만은 고쳐 주세요!"

부부 사이의 문제는 부드러운 언어로 대화하며, 서로의 잘못이나 부족함을 인정하고 고쳐 나가려고 노력할 때 극복할 수 있습니다. 많은 사람이 배우자에게 불만을 느낀다고 합니다. 배우자에게 불만을 느끼지만, 갈등을 일으킬까 봐 참고 사는 경우가 많습니다. 그러나 한 연구에 의하면 상대방의 행동에 불만을 털어놓는 부부보다 오히려 그렇지 않은 부부들이 더 갈등이 잦다고 합니다. 배우자를 존중하는 마음만 잃지 않는다면 불만을 공유하는 것은 부부 관계에 도움이 될 수 있습니다. 혹시 배우자에게 표현하지 못한 불만이 있습니까? 배우자가 꼭 고쳤으면 하는 점이 있다면 다음 페이지에 적어 보십시오.

■ 사랑하고 존중하는 마음으로 나의 배우자가 개선해야 할 점을 써 보십시오.

2과 아내는 예수님께 하듯이 남편에게 순종하라

② 아내는 예수님께 하듯이 남편에게 순종하라

아내들이여 자기 남편에게 복종하기를 주께 하듯 하라

에베소서 5장 22절

존 파이퍼^{John Piper}는 《결혼신학》(부흥과개혁사)에서 이런 말을 했습니다.

"디트리히 본회퍼^{Dietrich Bon hoeffer}는 1945년, 39세의 나이로 교수형에 처했을 때 마리아 폰 웨드마이어^{Maria von Wedemeyer}와 약혼한 상태였습니다. 실새(Reality)에 이르는 도중에 있는 그림자는 건너뛴 것입니다. 본회퍼의 소명은 결혼이 아닌, 순교였던 것입니다."

몇 줄 안 되는 글이지만 결혼과 부부, 가정에 대한 제 눈을 확 열어주었습니다. 어떤 이에게는 결혼의 복보다 순교의 복을 주셨고, 어떤 이에게는 독신의 은사를 주셨습니다. 이 말은 모든 사람이 다 결혼의 복을 받은 것이 아니라는 말입니다. 결혼은 축복이면서 동시에 사명입니다. 우리 자신이 행복한 결혼생활을 하는 것이 축복이면서 사명이 된다는 것입니다.

요즘은 결혼에 대한 사람들의 생각이 너무나 달라졌습니다. 교우들을 상담하다 보면 예전과는 확연하게 달라진 것을 느낍니다. 예전에는 어떻게 해서든지 가정을 지키려고 상담을 왔는데 이제는 이혼이 선택할 수 있는 또 다른 방법이 되었습니다. 오히려 가정을 유지하기 위해 노력하는 것을 손해 보는 일이라고 생각합니다. 하지만 이것은 속는 것입니다. 결혼을 위해 희생하고 수고하는 일은 손해가 아니라 주 안에서 허락된 복있는 길입니다. 결혼에 대한 세상의 가치관과 성경의 가치관은 완전히 다릅니다. 성경에서의 결혼은 하나됨을 통해 누리는 생명입니다. 그렇기에 하나됨이 깨지면 생명이 없고, 하나됨을 누리면 그 안에서 생명의 충만함이 흘러넘칩니다.

결혼에 대한 가장 큰 오해는 좋은 사람을 만나야 행복할 것이라고 생각하는 것입니다. 행복은 좋은 사람을 만나야 생기는 것이 아닙니다. 좋은 사람을 만나는 것보다 큰 복은 자신이 좋은 사람이 되는 것입니다. 반대로 나쁜 사람을 만나는 것보다 더 끔찍한 것은 자신이 나쁜 사람이 되는 것입니다. 결혼 상담을 하면서 가장 심각하다고 생각하는 말은 "그때 이 사람하고 결혼하는 게 아닌데 잘못 결혼해서 그런가 봐요."라는 말입니다. 우리는 항상 100% 옳은 결정을 할 수 없습니다. 그렇지만 분명한 것은 지금의 남편, 지금의 아내는 하나님이 짝지어 주신 배우자라는 것입니다.

제가 남편과 결혼하기로 결정하고 나서, 과연 내가 바른 결정을 했는가 고민이 됐습니다. 그래서 중매해 주신 목사님을 찾아갔는데, 그때 목사님이 제게 해주신 말씀으로 마음의 짐을 내려놓을 수 있었습니다. 목사님은 어떤 사람이랑 결혼할지 결정하는 것도 중요하지만 그 사람과 어떻게 살아가는지가 더 중요한 것이라고 말씀해주셨습니다.

그때 다른 사람과 결혼하지 않아서 행복하지 않은 것이 아니라, 그렇게 생각하기 때문에 행복하지 않은 것입니다. 첫 번째 단추를 잘못 끼워놓고 행복할 수는 없습니다. '이 사람이 하나님이 나에게 허락하신 최고의 배우자이다. 절대로 헤어질 수 없는 내 반쪽이다.'라고 생각해야 합니다. 그러면 갈등이 생겨도 "하나님이 가장 적합한 배우자를 주셨는데 왜 갈등이 있을까? 왜 행복하지 않을까?"라는 질문을 하게 되고 기도하며 하나님의 방법을 찾게 됩니다.

부모와 떨어져 외국에서 사는 어느 아들이 결혼하게 됐습니다. 아버지는 아들에게 축하 편지를 쓰고 있었습니다. 아내가 옆에서 편지를 들여다보니 "아들아, 너는 참으로 소중한 결단을 했구나. 결혼은 참으로 달콤하고 행복한 것이다. 이 아버지가 행복하듯이 너도 반드시 행복할 것이다."라고 써 내려갔습니다. 흐뭇하게 바라보던 아내가 밖으로 나갔습니다. 그러자 아버지는 재빨리 추신 글귀를 적어 넣었습니다.
"방금 네 엄마가 나갔다. 이 바보야, 결혼은 무덤이야. 너는 이제부터 죽었다."
아내는 그것도 모르고 흐뭇한 마음으로 편지를 우체통에 넣었습니다.

예수와 함께 죽고 예수로 사는 가정

우스갯소리지만 왜 남편은 이렇게 반응하는 것일까요? 가정에는 하나님이 만드신 설계도가 있기에 가정을 하나님의 설계도 위에 세워야 합니다. 아내들은 아내 몫의 설계도를 살펴봐야 합니다. 아내는 남편이 좋은 사람이기를 바라기 전에 자신이 좋은 아내인지 돌아봐야 합니다.

저희 부부가 싸울 때 제가 실망스러웠던 것은, 남편이 영화처럼 해주지 않는 것이었습니다. 영화에서는 남자 주인공이 적극적으로 아내의 화를 풀어주고 달콤한 이벤트를 해주는데 남편은 그렇지 않았습니다. 제가 화를 내면 그냥 조용히 기다릴 뿐이었습니다. 그래서 더 화가 났습니다. 그런데 깨닫고 보니 제 기준은 제가 어려서부터 보고 들었던 것에 근거한 것이지 성경의 진리가 아니었습니다. 남녀가 다르게 창조되었다는 것조차 몰랐기 때문에 갈등만 키웠던 것입니다.

Q. 에베소서 5장 22-25절을 읽고 다음 질문에 답을 써 보십시오.

- 아내가 남편에게 복종하기를 누구에게 하듯 하라고 했습니까?

2과 아내는 예수님께 하듯이 남편에게 순종하라

■ 아내가 남편에게 복종해야 하는 이유가 무엇입니까?

1. 아내의 순종은 하나님의 명령이다

많은 아내가 예수님께 하듯이 남편에게 순종하라는 말씀을 자존심의 문제로 생각합니다. 남편에게 순종하라는 하나님의 명령에는 분명한 전제가 있습니다. 바로 부부가 한 몸이라는 것입니다.

> 그러므로 사람이 부모를 떠나 그의 아내와 합하여 그 둘이 한 육체가 될지니
>
> 에베소서 5:31

몸 구석구석에 있는 지체들이 머리에 순종하는 것을 자존심 문제로 여기지 않습니다. 바로 한 몸이기 때문입니다.

요즘 시대는 예전보다 아내들의 목소리가 커졌고 역할의 비중도 커졌습니다. 이런 변화로 더 행복해졌냐고 물으면 그렇지 않다고 답합니다. 남편이 바로 서야 가정이 제대로 설 수 있습니다. 예수님께서 교회의 머리이신 것처럼 하나님께서는 남편을 가정의 머리로 세우셨기 때문입니다. 남편이 가정에서 바로 서기 위해서는 아내의 도움이 필요합니다. 자녀가 없이는 부모가 될 수 없듯이 아내의 순종 없이는 남편의 권위도 존재할 수 없습니다.

여러분은 아내로서 남편에게 순종하고 있습니까? 이 질문에 대한 대답은 아내가 아니라 남편이 해야 정확합니다. 아내가 남편에게 순종하는 일은 대단히 어렵습니다. 남편을 무시하거나, 남편에게 의도적으로 불순종하려는 아내는 없을 것입니다. '하나님의 말씀대로 해야지' 하고 결심해도 남편에게 순종하기 어려운 것이 현실입니다. 왜냐하면 대부분 아내가 남편보다 더 예민하고 지혜롭기 때문입니다. 실제로 아내의 말대로 했을 때 잘못되는 일은 많지 않습니다. 반면에 남편은 체면이나 의리를 따지다가 손해 볼 때가 많습니다. 또 아내가 보기에는 남편이 가까이하는 사람 중에 못마땅한 사람이 많습니다. 그러니 어떻게 순종만 할 수 있습니까? 어떤 아내들은 이렇게 말할지도 모릅니다.

"제 남편이 목사님만 같다면 저도 순종하죠. 우리 남편과 살아보세요. 순종이라는 말이 안 나올걸요? 순종은커녕 참고 살기도 얼마나 힘든지 모릅니다."

남편의 결정이 늘 완벽하고 옳은 것은 아닙니다. 하지만 하나님은 "남편에게 순종하라."라고 아내에게 명령하셨습니다. 아내는 하나님의 명령을 마음에 단단히 새겨야 합니다. 아내는 여러 자질이 있어야 합니다. 그 무엇보다 아내에게 있어야 하는 것은 순종입니다. '순종'이 있어야 자신의 역할을 잘하는 것입니다. 하나님은 왜 순종하기 어려운 형편을 아시면서 순종하라고 명령하셨을까요?

2. 아내가 순종할 때 남편이 행복하다

Q. 남편을 진심으로 인정하고 존경합니까?

남편을 행복하게 해주고 싶은 것이 아내의 마음입니다. 그런데 왜 남편은 행복하지 않을까요? 아내는 자신이 원하는 방법으로 남편을 행복하게 해주려고 하기 때문입니다. 여자는 보호받을 때 안정감을 느낍니다. 그래서 그 안정감을 남편에게 주고 싶어 합니다. 끊임없이 남편을 챙겨주고 돌봐주려고 합니다. 남편은 아내의 챙김을 고맙게 생각합니다. 하지만 어떤 경우에는 오히려 아이 취급을 받는 것 같아 자존심이 상합니다. 아내 여러분, 곰곰이 돌아보십시오. 남편에게 아이들에

게 이야기하는 어조로 말하진 않았습니까?

"너 숙제했어? 이 닦았어? 어머니께 전화드렸어? 적금 자동이체로 했어?"

아내가 남편을 행복하게 하려면 이해해야 할 남자의 속성이 있습니다. 하나님이 창조하신 섭리에 의하면 남자는 인정받고 존경받을 때 가장 행복하다고 느낍니다. 반면 무시당하고 자존감이 무너질 때 가장 불행하다고 느낍니다. 남자의 자존심은 여자가 이해하기 어려울 정도입니다. 아내가 뭔가를 충고하거나 권면할 때, 객관적으로 보면 아주 좋은 말인데도 남자들은 자신을 아이 취급한다거나 야단치는 것으로 받아들입니다. 아내가 자신을 존중하지 않고 믿지 못한다고 생각합니다.

예를 들어 남편이 운전하는데 길이 틀린 것 같아서 아내가 "여보, 저기 저 사람한테 물어보고 가는 게 어떨까?"라고 하면 남편은 "쓸데없는 소리 하지 마! 이 길이 분명히 맞아!"라며 화를 냅니다. 찾는 곳이 나오지 않아서 아내가 "여보, 저쪽에서 좌회전했어야 하는 거 아니었어?" 하면 남편은 "그렇게 길을 잘 알면 당신이 운전해!"라고 합니다. 남자들은 다른 남자에게 길을 물어보는 것을 "우리 남편이 무능해서 그러는데 길 좀 가르쳐주시겠어요?"라는 의미로 받아들입니다. 그래서 남자들은 좀처럼 길을 묻지 않습니다. 그래서 이런 유머도 있습니다. '왜 모세가 광야에서 40년을 방황했을까?' 아내 말을 듣지 않아서랍니다.

이런 남자의 속성을 잘 이해하면 아내가 남편을 행복하게 해줄 수 있습니다. 가정에서 아내가 남편의 권위를 세워주지 않으면 남편은 어디에서 삶의 기쁨을 얻을 수 있겠습니까?

저희 부부는 1982년에 결혼하고 1983년에 여주의 시골 마을로 목회를 나가게 되었습니다. 고생하리라고 예상했지만, 막상 가보니 예상보다 더 암담했습니다. 물도 길어 와야 하고, 아궁이에 불을 때서 난방과 취사를 해야 했습니다. 한 달 생활비가 5만 원이라는 말에 얼마나 심란했는지 모릅니다. 어느 것 하나 안정되지 않은 상황 속에서 암담했던 저는 남편에게 "사람이 어떻게 한 달에 5만 원으로 살아요?"라고 말했습니다. 그 말을 들은 남편의 눈에서는 눈물이 흘렸습니다. 처음 보는 남편의 눈물이었습니다. 순간, '내가 해서는 안 될 말을 했구나!' 하고 가슴이 철렁 내려앉았습니다. 그 일을 겪은 후로는 재정적인 어려움을 겪을 때가 있어도 돈이 없는 것이 남편의 책임인 양 바가지를 긁어본 적은 없습니다.

재정문제뿐만 아니라 다른 어떤 문제라도 아내가 남편의 무능함을 질책한다면 그 가정에는 행복이 없습니다. 아내는 잘 살아 보려고 몸부림치는 것일 수 있지만, 그런 행동이 오히려 자신도 모르게 남편을 파괴할 수 있습니다. 심방을 가서 대화하다 보면 간혹 민망할 때가 있습니다. 어떤 여자 성도가 남편을 옆에 앉혀놓고 이렇게 말했습니다.

"목사님, 이 사람 좀 혼내주세요. 아무리 바빠도 자기가 조금만 서두르면 속회 예배에 참석할 수 있는데, 꼭 무슨 핑계를 대고 늦게 오는 거예요. 적어도 저희 집에서 모일 때는 손님이 오시니까 남편이 좀 일찍 와야 하잖아요. 그런데 항상 늦게 와요. 일주일에 새벽예배 딱 한 번 가자는 것도 그걸 못 가요. 무슨 남자가 도대체 열심이라곤 전혀 찾아볼 수 없어요."

목사가 심방을 온 김에 남편의 문제를 해결하고자 하는 아내의 간절한 바람은 이해됩니다. 하지만 그건 남자인 남편의 마음을 너무도 모르는 행동입니다. 이처럼 목사님 앞에서 아내가 남편을 질책한다면 남편은 모든 것을 다 포기해버리고 싶은 마음이 듭니다. 남자에게 제일 중요한 자존감을 다치게 했기 때문입니다. 지혜로운 아내라면 이렇게 말해야 합니다.

"목사님도 아시겠지만, 저희 남편이 직장에서 일찍 올 수가 없어요. 마음은 늘 일찍 와서 속회예배도 참석하고 싶어 하는데 상황이 잘 안 되나 봐요. 가족들을 위해서 힘들게 일하는 모습을 보면 안쓰럽고 마음이 아파요. 남편의 건강을 위해서 기도해주세요."

아내는 남편의 자존심을 이해해야 합니다. 남편의 가장 치명적인 상처는 아내에게 받는 자존심의 상처입니다. 다른 사람에게 받는 자존심의 상처는 웬만하면 참을 수 있지만 아내에게 받는 자존심의 상처는 남편인 자신을 무시한다고 느끼게 합니다. 남편은 하늘이 무너지는 듯한 감정을 느낍니다. 남편은 자존심이 꺾이면 실제로 내면이 죽은 사람과 같이 됩니다. 아내는 이 사실을 잊지 말아야 합니다.

생일을 맞은 한 남편이 밥상에 김치와 밥만 올라온 것을 보고 "그래도 오늘이 내 생일인데 미역국이라도 좀 끓이지."라고 가벼운 투정을 부렸습니다. 그러자 아내는 남편을 무섭게 면박했습니다. "돈만 벌어다 줘 봐! 미역국이 아니라 고깃국은 못 끓여주나!"라고 소리쳤습니다. 남편은 IMF 이후 회사의 부도로 8개월째 월급을 받지 못하고 있었습니다. 아내도 남편의 마음을 모르는 바가 아니었습니다. 하지만 살림하는 아내 역시 속이 부글부글 끓는 터라 부드럽게 반응하지 못했던 것입니다. 남편은 아무 말 없이 수저를 내려놓고 출근했습니다.

　다음 날도, 그다음 날도 남편은 아침을 거르고 출근했습니다. 아침을 안 먹으면 죽을 것 같다고 하던 남편이 아내의 말 한마디에 매일 아침을 먹지 않고 출근했습니다. 아내는 미안한 마음에 몇 번 화해를 시도했으나 닫힌 그의 입은 열릴 줄 몰랐습니다.

　그러던 어느 날, 아내는 여전히 아침 식사를 거르고 출근하는 남편의 앙상한 어깨를 바라봤습니다. 아내는 복받치는 설움과 남편을 향한 애처로운 마음에 그만 울음이 터지고 말았습니다. '남편을 어떻게 위로할까? 누가 나의 아픈 마음을 이해하고 위로해 줄까? 누가 나와 함께 울어 줄 사람이 있을까?' 하는 생각에 아내는 결국 통곡하고 말았습니다.

　남편에게는 아내의 순종이 사랑입니다. 아내의 순종이 없다면 남편의 권위도 없습니다. 남편의 권위가 바로 서지 못한다면 행복한 부부생활도 없습니다. 남편이 행복하지 않은데 어떻게 그 가정이 천국 같을 수 있습니까? 천국 같은 가정을 하나님이 주시지 않는 것이 아니라 아내가 거절한 것입니다.

　어떤 권사님이 남편의 외도사실을 알았습니다. 눈물로 기도하며 문제를 이기고 결국은 남편을 받아들었습니다. 하지만 남편이 가정에 돌아오니 아버지의 자리를 잃었습니다. 남편이 들어오지 않은 기간에 아내는 힘든 마음을 자녀들에게 하소연했기 때문입니다. 권사님은 "잠잠하라고 하신 주님께 순종했더라면 얼마나 좋았을까"라고 눈물을 흘리며 후회했습니다. 남편의 자존심, 아버지의 자존심이 무너지면 그 가정에서는 행복을 찾기 어렵습니다.

예수와 함께 죽고 예수로 사는 가정

3. 남편이 행복해야 아내와 온 가족이 행복하다

하나님은 나의 행복을 배우자에게 심어놓으셨습니다. 그래서 아내가 남편을 행복하게 해주면 그 행복이 아내에게도 돌아옵니다. 마찬가지로 남편이 아내를 행복하게 해주면 남편 자신도 행복하게 됩니다. 남편을 존경하고 남편에게 순종하라는 하나님의 명령은 아내를 힘들게 하시려는 것이 아닙니다. 아내에게 진정한 행복을 주시려는 것입니다. 그렇다면 불신자인 남편이 교회에 못 가게 막을 때도 순종해야 할까요? 물론 신앙생활을 가로막는 것은 영적인 문제입니다. 악한 영의 역사를 대적하고 기도해야 하는 부분입니다. 그러나 이럴 때는 먼저 남편의 마음을 잘 이해하고 들여다볼 필요가 있습니다. 남편은 '아내가 교회에 미치면 가정도 다 버린다고 하던데!'라고 속으로 걱정하고 있을지도 모릅니다. 또는 남편인 자신의 말은 존중해 주지 않으면서 목회자에게는 존경하고 신뢰하는 것이 불편할 수도 있습니다. 아내의 순종으로 불신자인 남편의 의심과 두려움을 녹일 수 있어야 합니다. '신앙을 지키는 것', 하나만을 원하고 다른 모든 것에는 남편에게 순종한다면 오히려 남편도 아내의 신앙적인 요구를 귀하게 생각할 것입니다.

옛날 이스라엘에 설교를 잘하는 랍비가 있었습니다. 그 랍비의 설교를 무척 좋아하던 여인이 있었습니다. 어느 날 여인은 랍비의 설교를 듣고 은혜가 충만해 집으로 갔습니다. 그런데 여인의 남편이 매우 화난 표정으로 문밖에 서서 기다리고 있었습니다. 남편은 집안일도 미뤄둔 채 집에 늦게 들어온 아내에게 화가 났던 것입니다. 남편은 아내에게 "도대체 당신은 어디를 다녀오는 거요?"라고 물었습니다. 아내는 "회당에서 랍비의 말씀을 듣고 왔어요."라고 대답했습니다. 아내의 대답을 들은 남편은 크게 화를 냈습니다.

"당신이 랍비의 얼굴에 침을 뱉고 오기 전에는 집에 들어올 생각도 하지 마시오!"

아내는 남편의 말에 매우 놀랐습니다. 어찌할 바를 모르는 상황에 친구를 찾아갔습니다. 이야기를 들은 친구는 함께 랍비를 찾아가 여인의 이야기를 했습니다. 랍비는 이야기를 듣고 바로 여인을 불렀습니다. 그러더니 갑자기 눈에 손을 대고는 "제 눈이 아픈데 당신의 침으로 내 눈을 좀 닦아주십시오." 하며 여인에게 얼굴을 내밀었습니다. 여인은 당황했지만 우선 랍비의 말대로 눈에 침을 뱉고 침으로 눈을 닦아주었습니다. 그러자 랍비는 여인에게 "이제 당신이 내 얼굴에 침을 뱉었으니 남편에게 돌아가시오."라고 말했습니다. 랍비의 말에 마음이 편안해진 여인은 집으로 돌아갔고 그 가정은 다시 평화를 찾았습니다.

4. 남편과의 관계는 주님께 순종하는 것이 열쇠다

아내는 남편에게 순종하고 싶지만 순종하기 어렵다고 말합니다. 그러나 한 가지 알아야 할 사실이 있습니다. 남편에게 순종하기 어렵다는 말은, 곧 주님께 순종하기 어렵다는 것입니다. '남편에게 순종하기를 주께 하듯 하라'는 말은 주님께 순

예수와 함께 죽고 예수로 사는 가정

종하는 것을 전제로 하는 말씀이기 때문입니다.

아내가 순종하지 못하는 이유가 남편 때문이라고 생각할 수 있습니다. 하지만 정확히 말하자면 남편의 문제가 아니라 아내 자신의 문제입니다. 아내와 남편의 문제가 아니라 아내와 주님과의 문제입니다. 부부 관계의 핵심은 부부가 아니라 주님과의 관계입니다. 주님께는 순종할 수 있는데 남편에게는 순종하기 어렵다는 말은 모순입니다. 남편에게 순종하지 못하고 있다면 주님께도 순종하지 못하고 있는 것입니다.

아내는 남편을 더 좋은 방향으로 이끌어주려고 열심히 잔소리합니다. 하지만 간혹 아내의 이러한 관심과 똑똑함이 남편을 더욱 힘들게 합니다. 또는 똑똑한 아내는 잔소리하고 싶은 마음을 억누르고 기도하는 모습을 의도적으로 남편에게 보여주기도 합니다. 단순한 잔소리를 교양과 신앙으로 위장하려 합니다. 하지만 남편이 모를 리 없습니다. 직접적으로 잔소리를 하는 것도, 신앙이라는 이름 안에서 간접적으로 기도하는 모습을 보여주는 것도, 남편에게는 바가지를 긁는 것입니다. 남편은 아내가 바가지를 긁는다고 변하지 않습니다. 아내는 남편을 잘 이해해야 합니다. 아내는 남편에게 강요하지 않으면서 남편이 바르게 결정하도록 지혜롭게 돕는 법을 배워야 합니다.

목회자 부부 세미나에 참석했었을 때의 일입니다. 세미나 일정이 다 끝나고 개인 기도까지 마쳤습니다. 그런데 많은 목사님이 세미나실 밖에서 서성이고 있었습니다. 바로 눈물로 기도하는 사모님들을 기다리고 있던 것입니다. 사모님들의 기도는 남편들을 향한 무언의 시위 같았습니다. 마치 "내가 당신 때문에 이렇게 눈물로 더 기도하고 있는 거야."라고 들렸습니다. 이런 상황에서 더 길게 기도한다고 현명하고 신앙 좋은 아내가 되는 것이 아닙니다. 오히려 이럴 때는 일찍 기도를 마치고 남편과 함께 시간을 보내는 것이 현명합니다. 주님 들으시라고 하는 기도가 아니라, 남편에게 의도적으로 보여주려고 하는 기도에는 하나님의 역사가 일어나지 않습니다.

한 남편이 예배 때마다 졸아서 아내의 마음이 안타까웠습니다. 그 문제를 가지고 기도도 하고, 커피를 마시게도 하고, 꼬집어 깨우기도 했습니다. 하지만 남편의 졸음은 계속되었습니다. 아내는 계속 조는 남편을 보면 속이 상했습니다. 어느 날, 하나님이 아내에게 물으셨습니다. "너, 남편의 영혼이 그렇게 안타까우냐? 아니면 너의 체면 때문에 조는 남편을 창피하게 여기는거냐?"라는 물음이었습니다. 아내는 하나님의 물음에 깨달았습니다. 하나님이 정확하게 짚으시니 변명의 여지가 없었습니다. 아내가 회개하고 내려놓았더니 그다음부터 남편이 졸지 않게 되었습니다.

아내는 예수님을 믿듯이 남편을 믿어야 합니다. "어떻게 믿기지 않는 남편을 믿을 수 있습니까?"라고 물을 수 있습니다. 하지만 남편을 예수님 안에서 봐야 합니다. 아브라함은 하나님이 죽은 자를 살리시며, 없는 것을 있는 것으로 부르시는 분이심을 믿었습니다(롬 4:17). 이 믿음으로 남편을 보면 어떤 남편이라 할지라도 소망을 가질 수 있습니다.

예수와 함께 죽고 예수로 사는 가정

한 집사님이 사업을 하다가 부도가 났습니다. 부도가 확정된 날, 그는 세상이 무너진 것처럼 절망스러웠습니다. 아무런 희망이 보이지 않았습니다. 그는 암담한 현실에 차를 몰고 한강으로 가서 돌진하려 했습니다. 고민하던 그는 결국 자살을 포기하고 밤이 되서야 집에 들어갔습니다. 그는 부도가 확정되고 제일 먼저 생각나는 것이 아내의 얼굴이었습니다. 그의 아내는 지금까지 고생이라고는 해본 적이 없는 아내였습니다. 미안한 마음에 아내를 보는 것이 그에게는 가장 힘든 일이었습니다. 부도가 났다는 소식에 아내가 어떻게 반응할지 매우 염려되었습니다.

그는 여러 걱정과 어려움을 갖고 집으로 들어갔습니다. 그런데 집에 들어가니 아내가 아무 말 없이 꿀물을 타서 가져다줬습니다. 아내는 남편에게 꿀물을 주면서 "여보, 나 어떤 고생도 각오하고 있어요. 나는 당신을 믿어요. 당신은 반드시 다시 일어날 거예요. 당신만 흔들리지 않으면 나는 어떤 어려움도 이겨낼 수 있어요."라고 말했습니다. 아내의 말에 남편은 뜨거운 눈물을 흘렸습니다. 남편은 다시 일어날 힘을 얻었습니다. 물론 현실은 아무것도 변한 게 없었습니다. 상황이 나아지지도 않았습니다. 월세방을 전전해야 했고, 말할 수 없는 고생도 해야 했습니다. 그러나 남편은 그 일을 계기로 신앙생활을 하게 되었고 사업 또한 활력을 찾았습니다.

IMF로 실직한 어느 가장이 매사에 자신감을 잃었습니다. 남편은 복잡한 마음을 정리하러 산에 가려고 집을 나섰습니다. 그때 아내가 봉투 하나를 남편의 손에 쥐여 주었습니다. 산에 가서 봉투를 보니 3만 원과 편지 한 장이 들어있었습니다. 아내의 편지에는 이렇게 적혀있었습니다.

2과 아내는 예수님께 하듯이 남편에게 순종하라

"여보, 직장을 잃어도, 돈이 없어도, 못나도 당신은 내 남편이에요. 당신이 있는 곳에 나도 있을 것이고, 당신 가는 곳에 나도 갈 거니까 실망하지 마세요. 당신이 잘 모를 수도 있지만 당신이 내 옆에 있다는 것만으로도 나는 행복해요. 진작 이렇게 말해주지 못해서 미안해요. 당신을 정말로 사랑해요! 당신의 아내가."

그는 편지를 읽고 아내에게 감동했습니다. 아내의 편지 한 장으로 삶의 용기를 얻었습니다. 그 길로 산에서 내려와 약간의 밑천을 마련해서 붕어빵 장사를 시작했다고 합니다.

남자는 누군가가 자기를 믿어줄 때 힘을 얻습니다. 나를 믿어주는 사람을 필요로 합니다. 주위 모든 사람이 자기를 비난하고 비웃어도 자기편을 들어주는 아내가 필요합니다. 모든 일이 뜻대로 되지 않을 때도, 다른 사람에게 공격받을 때도, 사업이 실패했을 때도, 남편은 용기와 자신감을 북돋아 주는 아내가 필요합니다. 아내가 "어떤 일이 있더라도 당신에 대한 저의 믿음에는 변함이 없어요."라고 말해준다며 남편은 다시 힘을 얻습니다.

아내가 남편에게 순종해야 하는 이유가 무엇입니까? 부부는 한 몸이고 아내의 머리는 남편이기 때문입니다. 몸의 각 지체가 머리의 통제를 받지 않고 제멋대로 움직인다면 그 사람의 모습은 어떻겠습니까? 머리가 나쁘면 몸이 고생할 수 있습니다. 그러나 온몸이 머리와 상관없이 따로 움직이는 모습보다는 낫습니다. 1년이 될지, 10년이 될지 몰라도 아내가 기도하고 순종하면 남편은 반드시 하나님 앞에서 바로 서게 됩니다. 남편이 하나님 앞에서 바로 섰을 때, 하나님은 그 가정에 역사하셔서 천국 같은 가정을 이루게 하십니다.

남편의 결정이 잘못된 것 같아도 고생할 각오로 순종하면 됩니다. 단, 남편에게 순종하되 기쁨으로 순종해야 합니다. 옳은 방향으로 나아가며 고통당하는 것이 잘못된 방향으로 나아가며 고통낭하는 것보다 훨씬 낫습니다. 남편에게 순종하는 것이 남편을 하나님 앞에 무릎 꿇게 하는 지름길입니다. 남편들은 사회에 나가서 중요한 역할을 감당해야 할 때가 찾아옵니다. 그 순간순간마다 하나님의 인도하심을 받고 순종할 수 있어야 합니다. 아내가 남편에게 순종할 때 남편은 하나님께 순종하는 것을 배우게 됩니다. 남편이 아내의 머리이기 때문입니다.

Q. 베드로전서 3장 1-4절을 읽고 답을 써 보십시오.

■ 아내가 남편에게 순종해야 하는 이유가 무엇입니까?

■ 아내는 무엇으로 단장해야 합니까?

　남편을 믿고 순종하려면 아내에게 힘이 있어야 합니다. 그 힘은 바로 '내적인 안전한 심령'과 '두려운 일에도 놀라지 않는 마음'입니다. 우리가 입으로는 사랑을 말하고 남편의 영혼을 위하는 것 같아도, 실제로는 두려움이 우리를 움직이게 하는 경우가 많습니다. 사람들의 평가, 재정적인 불안정, 미래에 대한 두려움 때문에 남편과의 관계가 어려워지는 것을 봅니다. 그래서 사도 베드로는 아내들에게 외모를 단장하기보다는 '오직 마음에 숨은 사람을 온유하고 안정한 심령의 썩지 아니할 것'으로 단장하라고 한 것입니다.

　저는 목사의 딸로 태어나서 목회자의 아내가 되었습니다. 아버지는 제가 고등학교 3학년 때 갑자기 간암 판정을 받으시고 두 달 만에 돌아가셨습니다. 통장 하나 없는 목회자 가정이었기에 당장 생계가 막막했습니다. 큰 교회 담임목사의 딸에서 모든 것이 한순간에 다 바뀌었습니다.

　저는 목사의 딸이라는 사실이 자유롭지 못하고 많은 것을 얽매게 한다고 생각했습니다. 그래서 '나는 절대 목사와는 결혼하지 말아야지'라고 결심했었습니다. 그러나 하나님의 계획과 인도하심에 따라 저는 목사의 아내가 되었습니다. 목사의 아내가 된 이후에도 제 안에 해결되지 않은 두려움이 있었습니다. 바로 죽음에 대한 두려움이었습니다.

저는 남편이 죽을까 봐 두려웠습니다. 열심히 일하면 과로로 죽을까 봐 바짓가랑이를 붙잡았습니다. 남편이 나가서 연락 없이 늦으면 불안했습니다. 자다가 남편이 죽는 꿈을 꾸고 놀라서 깬 적도 여러 번 있었습니다.

제가 암 투병을 겪으면서 두려움은 자연스러운 감정이 아니라 영적인 힘에 있다는 것을 깨달았습니다. 평안하다가도 갑자기 두려움이 밀려오면 걷잡을 수가 없었습니다. 암을 고쳐 주시길 믿는 것도 믿음이지만, 죽어도 좋다고 내려놓고 나니까 죽음의 두려움이 저를 지배할 수 없었습니다. 저는 진리의 말씀을 취하고, 진리이신 주님을 신뢰하는 것만이 두려움에서 해방되는 길임을 깨달았습니다.

저는 죽음에 대한 문제를 해결하고 그 이야기를 남편에게 했습니다. 그러자 남편은 이제야 자신이 숨을 쉬겠다고 했습니다. 사랑이라는 이름으로 하는 것이라도 두려움으로 끊임없이 상대방에게 매달리는 것이 얼마나 상대방을 옭아매는지 깨달았습니다.

가정에서 부부 관계가 힘들고 어렵다면, 주님과의 관계를 돌아보시길 바랍니다. 아내가 주님 안에서 두려움 없이 진정한 사랑을 누리게 될 때, 안정된 심령으로 남편에게 순종할 수 있습니다. 이것이 곧 부부가 연합과 행복으로 나아가는 길입니다.

제가 아내의 입장이니 남편분들에게 뭐라고 말씀드릴 수 있겠습니까. 아내들에게만 이야기하는 것이 옳다고 생각합니다. 하지만 제 남편의 이야기를 해드리고 싶습니다. 저는 남편과 사는 것이 예수님과 사는 것 같습니다. 어떤 분은 제 말에 웃으시기도 합니다. 예수님과 함께 살면 얼마나 재미없고 고리타분하겠냐는 뜻인 것 같습니다. 하지만 그것

2과 아내는 예수님께 하듯이 남편에게 순종하라

은 예수님과의 친밀함이 얼마나 큰 행복인지 모르는 것입니다. 저도 처음부터 그랬던 것은 아닙니다. 신혼 때, 부부싸움을 하면 항상 제가 이겼습니다. 그 비결은 저녁까지 버티기만 하면 됐습니다. 남편은 다음날 새벽기도를 인도해야 하니 기도가 막히지 않도록 무조건 잘못했다고 했습니다. 그러면 저는 잘못한 것도 없으면서 무조건 미안하다고만 한다고 또 남편에게 바가지를 긁었습니다. 목사처럼 사는 것이 답답하기도 하고 싫기도 했습니다. 그런데 남편이 진리를 가르치는 자가 아니라, 실제로 살고 누리는 자가 되니 저는 남편을 통해 예수님을 볼 수 있었습니다. 제가 아무리 허물이 커도 다 받아주고 사랑해 주는 남편입니다. 바쁜 일정 가운데도 쉬는 날에는 집안일을 해줍니다. 바쁘다는 핑계로 가장 사랑해야 할 가족에게 못하면 죽음을 눈앞에 두고 후회하게 된다고 말합니다.

저희 가정, 저희 남편이 특별한 사람이기 때문이 아닙니다. 누구나 십자가에서 주님을 만나면 변합니다. 아내도, 남편도 자신이 주님과 어떤 관계에 있는지를 점검해 보면 됩니다. 남편과 아내가 주님과 완전한 연합을 이루면 그 부부는 한 몸을 이룬 것입니다. 그렇게 깨달아가는 주님과의 관계를 통해서 부부간의 사랑은 더욱 깊어지고, 그 사랑과 연합은 주님과의 관계로 더 깊이 들어가게 해줍니다. 가정의 행복은 아내, 남편을 통해서 얻는 것이 아닙니다. 아내나 남편은 행복을 줄 수 없는 존재입니다. 행복은 오직 주님을 통해서 얻는 것입니다. 배우자는 그 만족과 충만을 함께 누릴 수 있는 존재입니다.

한 여자 집사님이 변화되지 않는 남편과 자녀 문제로 기도하면서 늘 부르는 자신의 주제가 「이 눈에 아무 증거 아니 뵈어도」라는 찬송가의 1절이라고 했습니다. 1절은 우리에게 아무런 증거가 보이지 않아도 믿음으로 하나님의 약속으로 서겠다는 다짐이었습니다. 그런데 얼마 전부터 정말 기적과 같은 일이 일어났답니다. 조그마한 변화의 싹이 보이기 시작했다는 것입니다. 그래서 2절을 부르기 시작했다고 합니다. 2절의 가사는 이미 얻은 증거대로 의심 없이 살아가면 주 안에서 소원을 이룬다는 내용이었습니다. 저는 그분의 고백을 들으면서 큰 은혜를 받았습니다. 저는 그 찬양의 3절을 덧붙여 부르자고 제안했습니다. 3절은 가사는 귀한 약속을 믿으면 능치 못할 일이 없다는 것입니다.

이처럼 우리가 믿음으로 노래하면 예수님을 더 알고 누리게 됩니다. 그러면 예수님 때문에 행복해지고 그 힘으로 남편에게 순종할 수 있게 됩니다.

2과 아내는 예수님께 하듯이 남편에게 순종하라

선한목자교회
〈행복플러스 가정세미나〉 강의

예수와 함께 죽고 예수로 사는 가정

■ 남편이 써 보십시오.
아내에게 존경받는 남편이라고 생각합니까?
존경받고 있지 못한다면 이유는 무엇입니까?

■ 아내가 믿고 따를 수 있는 남편이 되기 위한 결단을 써 보십시오.

1.

2.

3.

4.

5.

■ 아내가 써 보십시오.

주님께 순종하듯이 남편에게 순종하고 있습니까?

남편에게 순종하기 가장 어려운 부분은 무엇입니까?

■ 그 부분을 해결하기 위해 해야 할 결단을 써 보십시오.

1.

2.

3.

4.

5.

■ 당신을 사랑합니다.

우리에게 주어진 시간은 얼마나 남아있습니까? 우리의 생각보다 길지 않을 수 있습니다.
하나님이 우리에게 허락하신 시간 동안 충분히 소중한 것을 지키며 살고 있습니까?
배우자나 가족들과 아낌없이 사랑을 표현하고 주고받으며 살아갑니까?
남편 혹은 아내에게, 또는 가족들에게 사랑의 편지를 써 보십시오.

예수와 함께 죽고 예수로 사는 가정

3단원

남편은
예수님께서 하시듯
아내를 사랑하라

남편들아 아내 사랑하기를
그리스도께서 교회를 사랑하시고
그 교회를 위하여 자신을 주심 같이 하라
에베소서 5장 25절

나(내 남편은)는 어떤 남편입니까?

많은 남편이 자신이 꽤 괜찮은 남편이라고 생각합니다.
"이 정도면 괜찮은 남편 아닌가?
나 같은 남편 있으면 나와 보라고 해!"
그러나 실상도 그럴까요?
많은 남편이 자신의 모습을 제대로 보지 못합니다.
변화는 자신의 모습을 있는 그대로 인식하는 것에서 시작합니다.
다음 페이지에 나오는 질문을 읽고
'그렇다', '아니다' 가운데 하나를 선택하여
해당란에 표시해보십시오.
아내인 경우는 '나는'을 '내 남편은'으로 바꿔 표시하십시오.

질문	YES	NO
01 나는 아내의 칭찬할 만한 점 세 가지를 바로 말할 수 있다.		
02 나는 아내에게 '사랑한다'는 표현을 자주 하거나 '사랑받고 있다'는 것을 느끼도록 자주 행동한다.		
03 나는 아내를 위해 기도하고 있다.		
04 나는 성생활에서 아내의 마음 상태를 신경 쓴다.		
05 나는 아내의 친한 친구의 이름을 두 사람 이상 기억한다.		
06 나는 아내와 하루에 10분 이상 진지하게 대화한다.		
07 나는 어떤 일을 결정하기 전에 아내와 의논한다.		
08 나는 가정경제의 궁극적인 책임을 다하기 위해 노력하고 있다.		
09 나는 은퇴를 대비해서 준비하고 있다.		
10 나는 자녀 교육에 적극적으로 참여하고 있다.		
11 나는 아내의 생일을 챙겨 주는 편이다.		
12 나는 아내와 둘만의 시간을 자주 보내는 편이다.		
13 나는 아내의 필요에 예민하게 반응하는 편이다.		
14 나는 아내의 친정 일에 관심을 보이는 편이다.		
15 나는 아내의 건강을 챙기는 편이다.		
16 나는 아내의 말을 잘 들어주는 편이다.		
17 나는 아내가 하는 일에 늘 고마움을 표현한다.		
18 나는 아내에게 언어의 폭력이나 육체적인 폭력을 쓰지 않는다.		
19 나는 아내와 부부싸움을 하고 나면 먼저 화해를 시도한다.		
20 나는 아내를 자주 칭찬하는 편이다.		

3과 남편은 예수님께서 하시듯 아내를 사랑하라

한 문항당 5점으로 계산한다.
예를 들면, 예(YES)가 15개인 사람의 점수는 75점이 된다.

나의 점수 = _____점

■ 80점에서 100점

아주 좋은 남편이네요. 지금처럼만 계속 한다면 존경 받는 남편이 될 수 있습니다. 그러나 완벽한 남편은 없답니다. 앞으로도 좋은 남편이 되려면 좋은 사람들과 더 많이 자주 만나야 합니다. 또 나만 잘한다고 만족해서도 안 되고, 함께하는 세상을 만들기 위해 남을 도와줄 수도 있어야 합니다.

■ 55점에서 75점

아마 바빠서 신경을 쓰지 못하는 것 같은데 좀 더 노력을 해야겠네요. 바빠서 소홀하게 되면 아내와의 거리가 점점 멀어질 수밖에 없습니다.

■ 50점 이하

각별한 신경을 쓰셔야겠습니다. 나빠서 그런 것이 아니라, 잘 몰라서 그럴 수 있거든요. 불필요한 약속은 줄이고 당분간 아내에게 초점을 맞추셔야 할 것 같습니다.

출처 | 김성묵 지음, 《좋은 남편되기 프로젝트》(두란노)

Q. 나는(내 남편은) 어떤 남편입니까?

내가(내 남편이) 남편으로서 잘하고 있다고 생각하는 점을 써 보십시오.

Q. 내가(내 남편이) 남편으로서 잘못하고 있다고 생각하는 점을 써 보십시오.

(3) 남편은 예수님께서 하시듯
아내를 사랑하라

남편들아 아내 사랑하기를 그리스도께서 교회를 사랑하시고
그 교회를 위하여 자신을 주심 같이 하라
에베소서 5장 25절

남편은 아내가 좋은 아내이기를 기대하지 말고 자신이 좋은 남편인지를 점검해야 합니다. 하나님께서 남편에게 주신 명령은 "아내 사랑하기를 그리스도께서 교회를 사랑하시고 그 교회를 위하여 자신을 주심 같이 하라"는 것입니다. 남편은 아내를 사랑한다고 말합니다. 이런 남편의 말에 아내는 어이없고 황당해합니다. 왜 아내는 남편의 사랑 고백에 만족하지 못하는 것일까요? 많은 남편이 아내를 사랑하지만 부모도 사랑하고, 직장도 사랑하고, 축구도 사랑하고, 술도 사랑하고, 김 양도 사랑하기 때문입니다. 이런 사랑 고백은 아내에게 진정성을 느끼게 해줄

수 없습니다.

어느 유명인이 결혼을 발표하는 자리에서 "그녀와 만나고서 모든 일이 너무 잘되었습니다. 그래서 그녀와 결혼하기로 결심했습니다."라고 말하는 것을 들었습니다. 가슴이 철렁했습니다. 그러면 앞으로 무슨 일이 잘못되면 아내를 버리겠다는 것입니까? 이것은 사랑이 아니고 이기심입니다.

한 남편이 아내의 생일이 다가오니 아내에게 어떤 선물이 필요한지 물었답니다. 아내는 다른 선물은 필요 없으니 2시간만 달라고 했습니다. 남편은 아내의 말이 의아했지만 우선 아내의 소원대로 생일에 아내와 마주 앉았습니다. 남편과 아내가 마주 앉으니 아내는 "여보, 내가 무슨 이야기를 하든지 당신은 맞아! 맞아! 그렇지! 그 말만 해 주세요."라고 했습니다. 그리고는 아내는 결혼 때부터의 이야기를 하기 시작했습니다. 남편이 듣다 보니 말도 안 되는 부분도 있었습니다. 남편은 "아니, 여보 그건"이라고 하니 아내는 "여보 두 시간만, 두 시간만"이라고 말했습니다. 남편은 10분을 듣는데 속이 뒤틀리고, 20분을 듣는데 화가 치밀어 오르고, 30분을 듣는데 죽을 것 같더랍니다. 그런데 시간이 조금씩 지나니 남편은 아내가 무슨 생각을 하면서 살아왔는지 느껴지기 시작했습니다. 남편은 '이런 마음을 가지고 살았구나.'라는 생각에 충격을 받았습니다. 1시간 동안 말하는 아내를 보면서, 남편의 눈에는 눈물이 맺히기 시작했습니다. 남편은 울기 시작했습니다. 결혼 이후 지금까지 아내가 겪었던 아픔과 상처를 너무나 몰랐던 것입니다. 2시간이 다 지나고, 남편은 아내를 붙잡고 용서해 달라고 고백하면서 한참을 울었다고 합니다.

3과 남편은 예수님께서 하시듯 아내를 사랑하라

Q. 에베소서 5장 25절을 읽고 다음 질문에 답을 써 보십시오.

■ 남편은 아내 사랑하기를 어떻게 하라고 말씀합니까?

■ 예수님은 교회를 어떻게 사랑하셨다고 말씀합니까?

하나님이 남편에게 주신 명령은 "아내 사랑하기를 그리스도께서 교회를 사랑하시고 그 교회를 위하여 자신을 주심 같이 하라"는 것입니다. 그렇다면 남편이 어떻게 하는 것이 아내를 사랑하는 것일까요?

1. 아내의 허물과 죄를 남편이 대신 책임진다

하나님이 남편에게 말씀하신 사랑은 예수님이 우리를 사랑하셔서 우리 죄를 대신 지시고 십자가에 죽으신 것처럼, 아내를 사랑하라는 것입니다. 남편은 아내의 약점, 실망스러운 점, 허물과 죄를 대신 지고 사랑하는 것입니다. 어떻게 아내의 죄를 대신 질 수 있습니까? 부부이기 때문에, 한 몸이기 때문에 명령하신 말씀입니다.

결혼식 순서 중 가장 가슴 저린 시간은 신부 아버지가 딸을 신랑에게 넘겨줄 때일 것입니다. 신부 아버지는 어떤 마음이 들겠습니까? '내가 딸을 사랑하는 것처럼 이제는 자네가 사랑해 주게.' 하는 심정일 것입니다. 만약 딸이 무엇을 잘못하여 쩔쩔매고 있는 것을 아버지가 보게 된다면, 아버지는 달려가서 딸을 뒤에 감추고 "제가 이 아이의 아버지입니다. 제가 다 책임질게요! 이 아이에게는 아무 말도 하지 마세요."라고 할 것입니다. 딸의 부족함을 대신 질 수 있다면 한 몸인 아내에게는 말할 것도 없습니다. 그러나 신부의 아버지보다 더 간절한 마음을 가지신 분이 예수님입니다. 예수님은 신부를 죽기까지 사랑하셨습니다. 그 사랑을 남편이 주라는 것입니다.

옛날에는 결혼식이 마을에서 가장 큰 볼거리 중의 하나였습니다. 그중 하이라이트는 신부가 행렬을 지어 가마를 타고 마을로 오는 것이었습니다. 신부의 가마 행렬이 마을

3과 남편은 예수님께서 하시듯 아내를 사랑하라

에 도착하면 동네 아주머니들이 맞으러 나가 가마의 문을 열어줍니다. 남자들은 그 장면을 보지 못했습니다. 한 목사님은 어릴 때 호기심이 발동해서 아주머니들 사이로 들어가 가마 안에 있는 색시를 봤답니다. 색시는 예쁜 한복을 입고 손에는 하얀색 명주 수건을 들고 있었다고 합니다. 머리에도 예쁜 것을 쓰고, 양쪽 볼과 이마에 빨간 연지 곤지를 찍었답니다. 그런데 이상한 점이 있었습니다. 색시가 울고 있더랍니다. 어린 목사님은 '저렇게 잘 입고, 남자들이 메고 가는데 왜 울까?'라며 색시를 이해하지 못했습니다. 하지만 나중에 생각하니 그 시절에 색시는 일찍 결혼해서 부모를 떠나 멀리 산골로 가니 울지 않을 수 없었던 것입니다.

그런데 신부의 두려움은 예나 지금이나 마찬가지입니다. 신부의 두려움은 "나의 모든 것을 남편에게 다 보여줘도 끝까지 사랑받을 수 있을까? 허물조차 사랑받을 수 있을까?"라는 생각에 두려운 것입니다. 신부의 눈물을 기쁨으로 바꿔줄 수 있는 사람은 신랑입니다. 자신의 잘못을 남편이 책임져주는 것보다 더 사랑받는 느낌이 있겠습니까?

한 아내가 새로 산 자동차를 운전하다가 접촉사고가 났습니다. 순간 사고가 났다는 이야기를 들으면 화낼 남편의 얼굴이 떠오르더랍니다. 남편의 화난 얼굴을 미뤄두고 우선 사고를 처리하기 위해 자동차 수납함에서 필요한 서류를 꺼냈습니다. 서류에는 남편의 메모가 붙어있었습니다.

"여보, 사고가 나면 제일 먼저 기억해. 내가 가장 사랑하고 걱정하는 것은 자동차가 아니라 당신이라는 것을…"

아내는 메모에서 느껴지는 남편의 사랑에 안도하며 눈물을 흘렸습니다.

2. 아내에게 사랑을 적극적으로 표현한다

성경이 말하는 사랑은 적극적으로 표현하는 사랑입니다.

Q. 로마서 5장 8절을 읽고 하나님이 우리를 어떻게 사랑하셨는지 써 보십시오.

십자가는 하나님이 우리를 사랑하신다는 가장 적극적인 표현이자 부인할 수 없는 증거입니다. 하나님의 사랑이 예수님의 십자가로 표현되었기에 우리가 알고 믿는 것입니다. 남편도 이처럼 아내를 사랑해야 합니다. 여자는 사랑받을 때 행복을 느끼는 존재입니다. 그러므로 남편의 사랑은 반드시 아내에게 표현하는

3과 남편은 예수님께서 하시듯 아내를 사랑하라

사랑이어야 합니다. 여자는 사랑받고 있다는 확신이 들면 어떤 고생도 견딜 힘이 생깁니다.

한 목사님의 사모님이 시어머니 때문에 못 살겠다고 보따리를 싼 적이 있습니다. 외아들에게 집착하는 홀어머니의 시집살이가 힘들었던 것이었습니다. 그런데 사모님이 보따리를 싸던 순간, 목사님의 말로 사모님은 그 자리에서 보따리를 풀었고 다시는 보따리를 싸지 않았다고 합니다. 목사님은 사모님에게 이렇게 말했습니다.

"당신 힘든 거 다 압니다. 당신이 보따리를 싼 것도 충분히 이해합니다. 그런데 내가 당신을 사랑한다는 것이 당신에게는 무슨 의미입니까? 내가 당신을 사랑하는 것이 어머니가 당신을 힘들게 하는 것보다 작으면 떠나십시오. 그러나 어머니가 당신을 힘들게 하는 것보다 내가 당신을 사랑하는 것이 더 크다고 생각하거든 보따리를 푸세요."

사모님은 시어머니 때문에 너무 힘들어 남편의 사랑을 잊었던 것입니다. 남편의 사랑을 잊으니 살 수 없었던 것입니다. 그러나 남편의 말을 듣고 남편의 사랑을 기억해 내니 견딜 수 없을 만큼 커 보였던 어려움이 작아 보였습니다.

다가온 어려움이 크더라도 그보디 디 근 사랑이 있나년 어떤 어려움도 견딜 수 있습니다. 정말 남편이 아내를 사랑하는지 아닌지는 그 사랑을 받는 아내가 판단해야 합니다. 아내가 사랑받고 있지 않다고 느낀다면 남편은 어떠한 변명도 하지 않고 아내를 사랑하지 못했다고 인정해야 합니다.

무뚝뚝한 남편과 살아가는 한 여인이 있었습니다. 그 여인은 이름 모를 병을 앓게 되었습니다. 남편이 의사를 만나보니 살 수 있는 날이 며칠밖에 남지 않았다고 했습니다. 평생 아내에게 사랑한다는 고백 한 번 해보지 못한 남편은 아내의 손을 붙들고 눈물을 흘렸습니다.

"여보, 내가 당신을 얼마나 사랑하는지 알지? 우리 가족이 당신을 얼마나 소중하게 여기는지 알잖아. 당신 힘내! 오래 살아야지. 당신 없이는 못 살아. 내가 당신을 얼마나 사랑한다고."

남편의 입에서 평생 들어보지 못한 고백이었습니다. 기력 없이 죽어가던 아내가 깜짝 놀라 벌떡 일어났습니다. 그리고 눈을 동그랗게 뜨고는 "그 얘기를 왜 이제 해!"라고 말한 후에 죽었다고 합니다.

사랑은 말로 전하지 않아도 여러 방법으로 전달할 수 있습니다. 하지만 가장 직접적으로 누군가에게 사랑을 표현할 수 있는 방법은 말로 전하는 것입니다. 사랑은 말로 표현되어야 '사랑'입니다.

한 남편이 본의 아니게 아내의 마음에 큰 상처를 준 일이 있었습니다. 부부는 장모님 생신을 맞이해 처가에 갔습니다. 아내는 친정어머니가 가장 좋아하는 간고등어 반찬을 샀습니다. 그런데 남편이 이 모습을 보고 아내에게 "우리 집에 갈 때는 이런 거 한 번도 안 들고 가더니."라고 한마디 했습니다. 남편은 가볍게 농담처럼 한 말이었습니다. 그러나 아내는 농담으로 받아들이지 않았습니다. 상처받은 아내는 그동안 마음속에 꽁꽁 묻

3과 남편은 예수님께서 하시듯 아내를 사랑하라

어두었던 말을 거침없이 쏟아냈습니다. 아내는 "시댁은 주말마다 가잖아. 어떻게 매주 가면서 이것저것 싸 들고 다녀? 차라리 우리 집에 가기 싫으면 싫다고 해."라고 말했습니다.

쌓아둔 말을 쏟아내던 아내의 분노는 어느덧 슬픔으로 바뀌었습니다. 결국 아내는 친정어머니의 생신에 참석하지 않았습니다. 아내는 한참 동안 길에서 헤매다 터덜터덜 집으로 돌아갔습니다. 집에 돌아오니 마침 친정어머니께 전화가 왔습니다.

"몸살기가 있다며? 아범이 네 몫까지 애쓰다 방금 갔어. 사람이 달라졌더라. 살갑게 말도 많이 하고, 자주 못 와서 죄송하다고 앞으로 잘하겠다며 내 손을 잡더구나. 용돈도 많이 주고 갔어!"

잠시 후 남편과 아이들이 집으로 돌아왔습니다. 아내는 아무 말 없이 남편에게 와락 안겼습니다.

아내가 사랑을 느낄 수 있도록 남편이 노력하지 않는다면, 아내는 결코 행복할 수 없고 그 가정은 천국 같아질 수 없습니다.

어느 집사님 부부가 이런 이야기를 했습니다. 아내가 말하기를 자기 남편이 칭찬을 안 한다는 것입니다. 아무리 음식을 맛있게 해 줘도 맛있다는 말 한마디를 안 한다는 것입니다. 그 이야기를 듣고 있던 남편이 말했습니다.

"내가 왜 칭찬을 안 했다고 해. 말을 안 한 것은 다 잘했다는 것이고, 잘못했다고 지적한 것만 잘못한 것이지 그 외에는 다 잘했다는 거야."

대체로 남자는 다 그렇습니다. 잘한 것에 대해서는 아무 말도 하지 않고 잘못한 것만 지적합니다. 이런 태도를 가진 남편이라면 "우리 집안은 왜 이 모양이야!"라고 불평할 자격이 없습니다.

목회 잡지에 실린 이야기입니다. 목회자 세미나에서 한 강사님이 목사님들께 "아내인 사모님에게 사랑한다는 표현을 해야 합니다."라고 했습니다. 강사님은 목사님들께 전화를 걸어 아내에게 사랑한다고 고백하는 과제를 주었습니다. 다른 분들은 다 했는데 한 분이 못하고 있었습니다. 그 목사님은 경상도에서 올라온 고령의 목사님이었습니다. "난 못한다. 난 안 한다."라며 계속 거부하셨습니다. 보다 못한 다른 목사님이 대신 전화를 걸고 전화기를 주면서 빨리 사모님에게 사랑한다고 하라고 재촉했습니다. 그러자 목사님은 마지못해 전화기를 받아들었습니다. 한참 뜸을 들이더니 "여보, 내다. 사, 사, 사…찰 집사님은 잘 있나?"라고 하더랍니다.

부부 세미나에 참여한 부부들에게 "여보 사랑해."라는 말을 하라고 했습니다. 그런데 한 여자 집사님이 펑펑 우는 것입니다. 알고 보니 남편이 집사님에게 사랑한다는 말을 못 하고 있었습니다. 집사님은 "남편이 사랑한다고 말을 안 해요."라며 눈물까지 흘렸습니다. 당황한 남편은 얼굴이 벌게져서 앉아있었습니다. 남편은 도저히 못 하겠다고 했습니다. 그러나 마지막 혼인 서약 갱신식 때, 남편은 집사님에게 사랑 고백이 담긴 편지를 읽어줬습니다. 집사님은 남편의 편지를 듣고 감격의 눈물을 흘렸습니다.

서울대학병원 법무담당관 김○○씨(55)는 가정에서는 말할 것도 없고 그가 일하는 병원에서도 일명 '무서운 사람'으로 통했습니다. 해병대 출신으로 월남에도 다녀왔고, 제대 후에는 경찰서 수사관을 거쳐 서울대학병원 의료사건 송사 담당으로 병원의 궂은 일들을 도맡아 해왔습니다. 그러다 보니 부드럽거나 온화한 인상은 아니었던 모양입니다. 그런 그가 아내와 결혼한 지 32년 되는 해, 아내 생일이 다가오면서 문득 '이 사람 참 고생이 많았구나!' 하는 생각이 들었답니다. 그동안 남편으로서 따뜻한 말 한마디, 사랑스러운 눈길 한 번 주지 못했던 자신을 발견했습니다. 문득 지나온 세월을 돌아보니 그저 이름만 남편이고 아버지였을 뿐인데 딸들은 누구보다 예쁘고 착하게 커 있었습니다. 집안도 편안하게 꾸려져 있었습니다. 그제야 아내의 노력이 보였던 것입니다. 아내에게 미안한 마음이 가득했습니다. 주름진 아내의 얼굴이 그 어떤 얼굴보다 예뻐 보였답니다. 그래서 뒤늦게라도 남들이 다 하는 거 말고 특별한 뭔가를 해주고 싶었습니다. 이런저런 생각을 하다가 조금 우스울지는 모르지만 '내 마음을 담은 감사패를 주면 어떨까?'라는 생각이 들었습니다. 남편은 아내를 위해 감사패를 만들었습니다. 감사패 내용은 이렇습니다.

"지나간 세월, 어려운 역경 속에서도 당신은 오직 가정의 안녕만을 위해 헌신하셨으며 홀로 흘린 많은 눈물은 가족의 웃음꽃이 되었소. 국가 최고 훈장보다 값신 당신의 아름다운 뜻을 영원히 기리고자 감사의 마음을 담아 이 패를 바칩니다."

남편이 아내에게 감사패를 전달하던 날. 두 딸과 사위들, 손주들까지 모두 함께 모였습니다. 갑자기 변한 아버지, 할아버지, 장인어른의 모습에 모두 놀라며 감동의 눈물을 흘렸습니다. 아내는 "참 오래 살고 볼 일이다."라고 우스갯소리를 하면서도 감사패의

'남편 김○○ 드림'이라는 글귀를 마치 남편의 마음 한 조각인 양 쓰다듬고 어루만지고 또 어루만졌습니다.

3. 부부는 한 몸임을 남편이 언제나 명심한다

Q. 에베소서 5장 31절, 베드로전서 3장 7절을 읽고 남편이 아내를 귀하게 여겨야 할 이유가 무엇인지 써 보십시오.

에베소서 5장 23절에서 남편은 아내의 머리라고 말합니다. 이 말씀을 오해할 수 있습니다. 이 말씀은 남편과 아내의 우열을 말하는 것이 아닙니다. 기능을 말하는 것입니다. 머리와 몸에 우열이 있습니까? 엉덩이는 귀하니 이불을 덮어주

고, 머리는 천하니 이불을 덮어주지 않습니까? 아니면 머리는 귀하기 때문에 열만 나도 입원하고 발목은 천해서 부러져도 내버려 둡니까? 머리는 명령하고 시키기만 하고 대접만 받습니까? 아닙니다. 머리는 온몸을 생각하고 몸의 한 부분이라도 아프면 쉴 틈이 없습니다. 몸에 대하여 누가 염려합니까? 허리입니까? 엉덩이입니까? 머리입니다. 이것이 바로 남편이 아내의 머리라는 뜻입니다.

실제로 남편은 아내를 양육하고 보호할 때(엡 5:29) 행복을 느낍니다. 그러나 남편은 아내에게 양육 받고 보호받을 때 행복이 아닌 비참함을 느낍니다. 남편은 양육이나 보호가 아니라 아내가 행복해할 때 행복합니다. 아내가 불행하면 남편도 불행해집니다. 예수님이 꼭 그러셨습니다. 죄인 된 우리를 위해서는 죽음도 기꺼이 기뻐하셨습니다. 자신을 내어줌으로 행복을 느끼셨습니다. 그래서 예수님은 죄인인 모든 사람을 위하여 죽음까지 내어주신 것입니다. 그들을 죽기까지 사랑하셨기 때문입니다. 우리가 행복하면 예수님도 행복하신 것입니다. 우리를 죄와 저주에서 구원하시는 것을 예수님은 기뻐하십니다. 남편은 예수님이 교회를 위하여 행하신 것처럼 아내를 사랑해야 합니다.

이ㄴ 집사님 부부가 신교사 훈련을 받게 되었습니다. 선교사 허입을 받으려면 부부가 모두 영어 테스트에 합격해야 했습니다. 남편은 영어를 잘했지만 아내가 실력이 부족해서 함께 훈련받고 있었습니다. 어느 날, 한 목사님이 남편 집사님에게 "준비는 잘되셨습니까?"라고 물었습니다. 그 말에 남편 집사님이 "아, 예. 저는 준비되었는데 아내가 아직 준비되지 못했습니다."라고 대답했습니다. 그 말을 들은 목사님은 남편 집사님을 지적

했습니다. "그게 무슨 말입니까? 아내가 준비되지 못했다면 집사님도 준비되지 못한 것이죠. 부부가 한 몸이란 믿음도 없이 어떻게 선교사가 되겠습니까?"라고 말했습니다. 남편 집사님은 목사님의 말을 듣고 아내를 진정으로 한 몸으로 여기며 사랑하지 못한 것을 크게 회개했다고 합니다.

부부는 한 몸이기 때문에 남편은 아내와 가정 외에 다른 데서 행복과 기쁨을 구하지 말아야 합니다. 다른 데서는 결단코 행복을 얻을 수 없기 때문입니다. 자신과 한 몸인 아내를 불행하게 해놓고 자신이 행복할 것을 기대하는 것처럼 바보 같은 일은 없습니다. 《결혼을 배우다》(도서출판 토기장이)라는 책에 이런 말이 나옵니다.

> 나는 결혼한 후, 한동안 나를 위해 아내가 존재한다는 생각을 했다. 그런데 기도드릴 때 주님은 내게 이런 마음을 주셨다.
>
> "명경이를 사랑하고 사랑해 줄 사람을 찾고 찾다가 가장 사랑해 줄 사람으로 너를 찾았단다."
>
> 순간 놀랐다. 나를 위해 아내가 존재한다는 생각은 철저한 착각이었던 것이다. 하나님은 아내를 사랑해 줄 사람으로 나를 찾으셨다.
>
> 나는 그녀 앞에 무릎을 꿇고 기도했다. 지금 내가 아내에게 해줄 수 있는 것은 기도밖에 없다는 생각이 들었기 때문이다. 그렇게 시작한 기도는 전혀 예상 못한 방향으로 흘러갔다.

"주님, 저와 아내가 한 몸이라는데 저는 아프지 않습니다. 저는 이렇게 아무렇지 않은데 아내는 이렇게 아파하고 있습니다. 한 몸인데 저는 이렇게 멀쩡합니다."

기도는 점점 절박해져갔고 눈에선 눈물이 뚝뚝 떨어지기 시작했다.

"주님, 아내의 아픔을 제게 주세요. 그리고 제가 가진 평강을 아내에게 주세요. 우리는 한 몸인데 아내 혼자서만 이렇게 아파하고 있습니다. 주님, 용서해 주세요. 제가 아플게요."

이런 사랑이면 아내가 어떤 형편에서도 행복하게 살 수 있지 않겠습니까? 어떻게 이렇게 할 수 있을까요? 주 예수님으로 행복하기 때문입니다.

한 목사님이 결혼식 주례사에서 신랑에게 당부한 말입니다.

"아내를 다른 여성과 비교하지 마라. 어두운 표정으로 귀가하지 마라. 가정은 병원이 아니다. 아내의 허물과 실수를 비난하지 마라. 아내의 허물은 이미 남편의 허물이다. 아내를 관리하려 하지 마라. 아내는 물건이 아니라 영원한 인생의 협조자다. 부부싸움을 했다면 마지막 발언은 항상 아내가 해야 함을 명심하라! 아내의 마지막 발언에 남자가 한마디라도 덧붙이면 또 다른 말다툼이 시작되기 때문이다."

4. 남편이 결정을 하되 결정의 중요성을 명심한다

Q. 창세기 2장 18절에서 남편(아담)에게 아내(하와)는 어떤 존재입니까?

많은 남편이 가정의 일들을 결정해야 할 때, 결정을 아내에게 미룹니다. 결정에 대한 책임을 회피하고 싶은 것입니다. 그러고 나서 권위만 행사하려고 합니다. 남편의 결정은 아내뿐만 아니라 자녀와 온 가정의 행복과도 직결됩니다. 남편의 잘못된 결정으로 가족 모두가 고생하기도 합니다. 무언가를 결정한다는 것은 대단히 어려운 일입니다. 그러므로 남편들은 '거룩한 손을 들어서' 기도하고 하나님께 응답받은 말씀에 순종하여 결정해야 합니다. 또한 남편은 반드시 아내의 조언에 귀를 기울일 줄 알아야 합니다. 아내는 하나님이 남편을 위해 짝지어 준 지혜로운 '돕는 배필(창 2:20)'이기 때문입니다.

어느 성도가 가정예배를 드리던 중에 일어난 일입니다. 아내는 '가장은 가정의 제사장으로서 가족을 향한 축복권이 있다.'라고 배웠습니다. 그래서 배운 대로 남편에게 가족을 위하여 축복기도를 해달라고 강권했습니다. 남편은 썩 내키지는 않았습니다. 하지만 아내와 두 아이가 무릎을 꿇고 기다리고 있었기 때문에 마지못해 아내의 머리에 손을 얹고 기도했습니다. 그다음 차례로 초등학교에 다니는 아들의 머리에 손을 얹고 기도하려는데, 아들이 '킥킥'하고 웃었습니다. 아들이 생각하기에는 정말 웃기는 일이었던 것입니다. 밤늦게 술에 취해서 늦게 들어오는 일은 물론이고, 늘 싸우는 모습을 봐왔던 아들로서는 아빠의 거룩한(?) 모습이 웃겼던 것입니다. 아들의 웃음에 남편 집사님도 그만 웃어버렸습니다. 자기가 생각해도 웃기는 일이었기 때문입니다. 남자 집사님은 평소의 삶에서 거룩하게 서 있어야 가족을 위하여 기도할 수 있음이 절실히 깨달아졌습니다. 이 사건을 계기로 집사님의 삶은 완전히 바뀌었습니다.

남편은 자신의 역할이 얼마나 가족들에게 중요한지를 명심해야 합니다. 흔히 부부 사이에 누가 누구를 구제한 것인지를 놓고 논쟁하는 일이 있습니다. 성경을 보면 모든 결혼은 여자가 남자를 구제했다고 말씀합니다. 창세기 2장 18절에서 '돕는 배필'의 정확한 의미는 '현 상황으로부터의 구원자'입니다. 그러므로 남편은 자신이 결정권자라고 권위만 내세울 것이 아니라, 결정은 남편이 하더라도 반드시 아내의 의견에 귀를 기울여야 합니다. 남편이 아내의 의견에 귀를 기울이고 하나님의 뜻을 구하면, 하나님은 반드시 지혜와 믿음을 주십니다. 남편이 자신의 역할을 마땅히 감당하면 하나님은 분명 그 가정에 행복을 주십니다.

남편이 아내를 사랑하려면 영적 주도권을 가져야 합니다. 아내에게는 '순종하라' 하셨고 남편에게는 '사랑하라' 하신 것은 남편이 주도권을 가지라는 말입니다. 남편이 영적 주도권을 가질 때, 아내는 안정감을 누리고 사랑을 느낄 수 있습니다.

> 내성적인 어느 남자가 외향적인 성격의 아내 집사님과 성격이 맞지 않아 관계가 어렵다고 호소했습니다. 그래서 이렇게 권면했습니다.
> "먼저 아내의 손을 잡고 기도하자고 하세요!"

아내의 손에 붙들려 나오는 남편이 있다면 이제부터는 아내의 손을 붙잡고 나오시길 바랍니다. 남편이 말씀의 권위 위에 서야 합니다. 기도에도 더 능력이 있어야 합니다.

> 저의 첫째 딸이 중학생이 되었을 때, '과외를 시켜야 하나, 학원에 보내야 하나, 집에서 공부하게 해야 하나'를 결정해야 하는 일이 생겼습니다. 아내는 저에게 "당신이 가장이니 결정해 달라."라고 했습니다. 작은 일 같아 보여도 결정하는 것이 얼마나 어려운 일인지 새삼 느꼈습니다. 그래서 아내의 의견에 귀를 기울이게 되었습니다. 더 중요한 것은 딸의 장래를 위하여 더 기도하게 되었다는 것입니다. 딸을 위해 기도하면서 하나님이 남편인 저를 통해 결정하게 하신 이유를 알았습니다.

남편 여러분, 순종보다 어려운 것이 사랑입니다. 그러므로 아내보다 훨씬 더 힘든 명령이 남편에게 주어진 것입니다. 이것이 남편의 믿음이 아내보다 성숙해

3과 남편은 예수님께서 하시듯 아내를 사랑하라

야 하는 이유입니다. 부부가 한 몸임을 믿어야 합니다. 이미 예수님을 믿고 하나님의 자녀가 된 이들에게 성경 말씀을 믿으라고 하는 것은 안타까운 일입니다. 우리가 가정생활에서부터 진정으로 하나님의 말씀을 믿을 때, 비로소 하나님의 역사가 우리 삶에 일어나게 됩니다.

선한목자교회
〈행복플러스 가정세미나〉 강의

■ 남편이 써 보십시오.

예수님이 교회를 사랑하신 것처럼 아내를 사랑합니까?

아내를 사랑하기 어려운 가장 큰 걸림돌은 무엇입니까?

■ 걸림돌을 제거하고 아내가 사랑을 느끼도록 하려면 어떻게 해야 할까요?

구체적으로 써 보십시오.

1.

2.

3.

4.

5.

■ 아내가 써 보십시오.

남편이 자신을 사랑한다고 느낍니까?

만약 그렇지 않다면 이유가 무엇이라고 생각합니까?

■ 남편에게 더 사랑스러운 아내가 되기 위해 해야 어떻게 해야 할까요?

구체적으로 써 보십시오.

1.

2.

3.

4.

5.

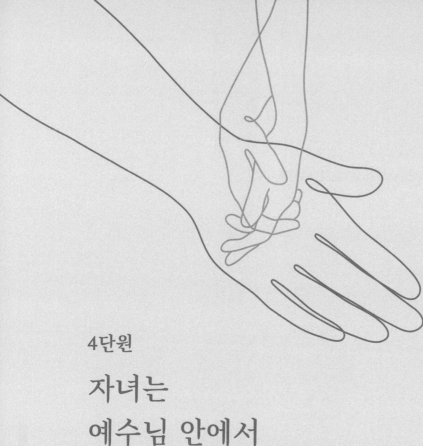

4단원

자녀는
예수님 안에서
부모를 공경하라

자녀들아 주 안에서 너희
부모에게 순종하라 이것이 옳으니라
에베소서 6장 1절

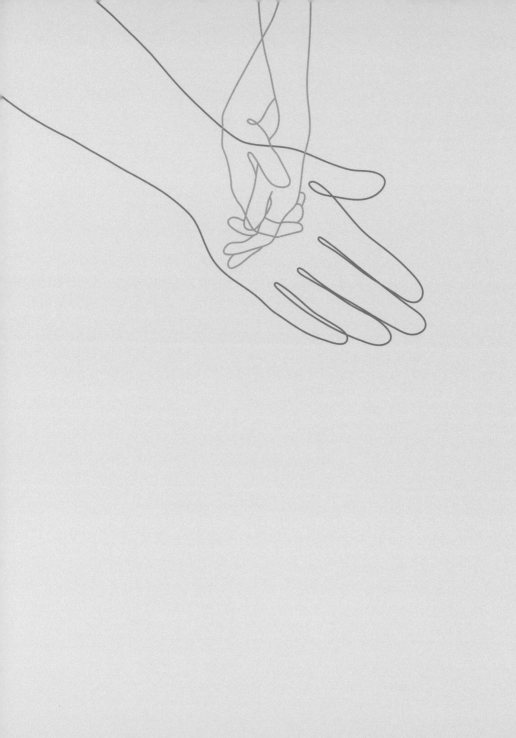

부모님께 어떤 영향을 받았습니까?

링컨은 미국인들에게 가장 존경받는 역대 대통령 중 한 사람입니다.
그는 백악관을 기도실로 만들 정도로 기도의 사람이었습니다.
그러나 링컨이 그냥 만들어진 것은 아니었습니다.
링컨 뒤에는 기도하는 어머니가 있었습니다.
링컨은 이런 말을 남겼다고 합니다.
"나의 생활 전부와 또 내가 이렇게 되기까지는 어머니의 신앙과 기도 때문이고
앞으로 나의 장래 생활의 전부도 오직 천사 같은 나의 어머니에게 빚진 것이다."
현재 나의 모습은 과거의 경험과 관련이 있습니다.
어린 시절을 떠올려보십시오.
부모님과의 관계가 어떠했습니까?
부모님께 어떤 영향을 받았나요?
다음 페이지에 부모님께 받은 좋은 영향력과 나쁜 영향력을 함께 써 보십시오.

부모님께 받은 좋은 영향력

부모님께 받은 나쁜 영향력

Q. 부모님의 좋은 모습을 닮았습니까? 아니면 좋지 않은 모습을 닮았습니까?
  긍정적이든 부정적이든 부모님과 닮은 점을 써 보십시오.

예수와 함께 죽고 예수로 사는 가정

4 자녀는 예수님 안에서 부모를 공경하라

자녀들아 주 안에서 너희 부모에게 순종하라 이것이 옳으니라
에베소서 6장 1절

4단원은 부모님과의 관계를 돌아보는 시간입니다. 결혼하면 혼자 살 때와 달리 배우자와 맞춰 살아야 하기에 쉽지 않습니다. 게다가 자녀들이 태어나면 양육해야 하고 배우자의 가족까지 자기 가족으로 받아들여야 하는 현실이 무거운 짐처럼 여겨지기도 합니다. 특히 부모님을 공경하는 일은 더욱 그렇습니다. 부모님이 다 돌아가셨더라도 보이지 않는 영향력은 남습니다. 그러니 부모님과의 관계를 정직하게 들여다보는 일은 부부 관계, 자녀와의 관계에 매우 중요합니다. 부모로부터 받은 영향력은 결혼 전에는 잘 드러나지 않습니다. 그런데 결혼 후에는 당황스러울 정도로 심각히 드러납니다. 부모님에 대한 아름다운 추억만 가지고 있는 사람은 그리 많지 않습니다. 부모님에 대한 쓴 뿌리와 상처를 간직하고 있는 사람이 너무 많습니다. 부모와의 관계가 원만하지 못하면 부부 사이에 부정적인 영향을 미칩니다. 또한 자녀들과의 관계에서도 그렇습니다. 가장 중요한 것은 하나님과의 관계에 지대한 영향이 됩니다. 여러분은 부모와 어떤 관계를 맺고 있습니까? 성경은 부모와의 관계가 축복과 저주의 관계라고 말합니다.

Q. 에베소서 6장 1절에서 자녀들은 부모에게 어떻게 순종하라고 했습니까?

Q. 에베소서 6장 2-3절에서 부모를 공경하면 어떤 복을 받는다고 했습니까?

Q. 신명기 27장 16절에서 부모를 경홀히 여기면 어떻게 된다고 했습니까?

자녀에게 있어서 부모는 보이지 않는 하나님을 대신하는 사람입니다. 그러므로 가정이 행복해지려면 부모의 축복을 회복해야 합니다. 성경에 작은 자 하나에게 한 것이 주님께 한 것이고, 하지 않은 것이 주님께 하지 않은 것이라고 합니다.

> 임금이 대답하여 이르시되 내가 진실로 너희에게 이르노니 너희가 여기 내 형제 중에 지극히 작은 자 하나에게 한 것이 곧 내게 한 것이니라 하시고 마태복음 25:40

> 이에 임금이 대답하여 이르시되 내가 진실로 너희에게 이르노니 이 지극히 작은 자 하나에게 하지 아니한 것이 곧 내게 하지 아니한 것이니라 하시리니
> 마태복음 25:45

속으로 "부모가 나한테 해 준 것이 뭐가 있다고 존경하지? 부모가 부모다워야 존경하지. 부모한테 사랑을 받아봤어야 사랑하지."라고 생각하시는 분들이 있을 것입니다. 이것이 우리가 주의 말씀을 붙잡아야 하는 이유입니다. '주 안에서' 주의 말씀을 붙잡아야 합니다.

4과 자녀는 예수님 안에서 부모를 공경하라

1. 십자가의 사랑으로 순종해야 한다

'주 안에서 부모에게 순종하라.'라는 것은 어떤 순종을 말하고 있습니까? 부모의 말씀이 신앙적이면 순종하고, 하나님의 뜻에 맞지 않는 것을 강요하면 순종하지 않아도 된다는 의미일까요? 아닙니다. 더 중요한 의미가 있습니다.

'주 안에서'라는 단어는 성경에서 여러 번 쓰였습니다. 이 말은 '예수 그리스도의 십자가 은혜 안에서'라는 의미입니다. 그러므로 '주 안에서 부모에게 순종하라.'라는 말은 다시 말해, '예수 그리스도의 십자가 사랑으로 부모에게 순종하라.'라는 것입니다. 이것이 기독교와 유교의 차이점입니다. 유교에서 효도는 마땅히 해야 하는 도리이자 법입니다. 마음으로는 하고 싶지 않아도 해야 하는 일입니다. 그러나 기독교에서는 효도가 진정한 '용서와 사랑'이라고 가르칩니다. 마음에서 우러나오는 용서와 사랑을 말하는 것입니다.

부모님께 순종하는 일에 왜 십자가의 은혜와 사랑이 필요합니까? 부모를 사랑하는 일조차 우리 힘으로는 불가능하기 때문입니다. 자녀에게는 부모로부터 받은 상처가 쓴 뿌리로 남아있습니다. 자녀의 마음에는 안타깝게도 사랑보나 상저가 더 오래 기억됩니다. 사람의 성격이나 행동의 85%가 6세 이전에 형성된다고 합니다. 이 시기에 부모의 잘못된 말과 행동으로 자녀들은 마음에 깊은 상처를 받습니다. 주위를 살펴보면 부모를 향한 미움, 원망, 증오가 마음 깊이 자리 잡은 자녀가 얼마나 많은지 모릅니다. 단순히 순종하라는 말로는 자녀의 상처가 해결되지 않습니다.

한 교회에서는 해마다 5월이면 청년들이 부모님을 위한 특별새벽기도회를 합니다. 부모가 자녀를 위해 눈물로 기도하는 경우는 많이 봤지만, 자녀들이 부모를 위해서 눈물로 기도하는 경우는 드뭅니다. 기도하는 모습을 보면 마음이 아프기도 하고, 미안하기도 하고, 고맙기도 하면서 감동이 됩니다. 부모가 사랑이라고 여기며 하는 행동과 말이 자녀에게는 씻기 어려운 상처가 됩니다. 그래서 자녀가 부모를 공경하기가 힘든 것입니다. 자기에게 아픔을 주는 대상을 사랑하고 공경하는 것이 어찌 쉬운 일이겠습니까. 그렇지만 '주 안에서'라는 말은 예수님을 믿으니까 해야 한다는 것이 아닙니다. 하나님 말씀이니 억지로 순종하려고 하는 것은 율법입니다. 그런데 십자가 사랑으로 순종하려고 하면, 사랑할 힘이 생깁니다. 부모를 공경할 힘을 주님이 주십니다. 이것이 복음입니다. 그래서 기도하면서 "나에게 이런 상처를 주었던 부모를 용서합니다."라고 고백하게 됩니다.

많은 이가 음란의 문제에 빠져있습니다. 성도들도 예외는 아닙니다. 한번은 청년들을 위해서 기도할 때, 주님께서 "너희의 음란함의 실체를 보라. 그것은 너희의 목마름이다."라고 말씀하셨습니다. 쾌락의 욕심을 따라 죄를 짓지만, 실제로 깊은 곳을 들여다보면 사랑받고 싶은 목마름이 왜곡되어 표현하고 있음을 주님이 지적하신 것입니다. 부모와의 관계가 풀려서 사랑이 회복되어야만 해결될 수 있는 부분이 우리 삶 속에 많이 있습니다.

사단법인 치유 상담연구원 정태기 박사의 이야기입니다. 정태기 박사가 초등학교 시절, 운동회에서 달리기를 했습니다. 소년은 6등, 즉 꼴찌를 했습니다. 매년 일하느라 운동회에는 못 오시던 어머니가 그날따라 운동회에 오셔서 그 장면을 봤습니다. 어머니는 집에 들어와서 소년에게 "나가 죽어라! 꼴찌하는 자식은 내 아들 아니다!"라고 하셨습니다. 소년은 어머니의 말씀에 집 밖으로 나가 쭈그려 앉았습니다. 아들은 "나가 죽어!"라는 말이 머리에서 떠나질 않았고 마음에 깊은 상처가 생겼습니다.

그리고 소년은 성인이 되어 미국으로 유학을 갔습니다. 미국에서는 상담을 공부했습니다. 공부를 하던 중에 그는 잠재되어 있던 어떤 상처가 되살아났습니다. 어머니께 받은 아픈 상처였습니다. 얼마나 마음이 쓰라린지 견딜 수 없어서 울고 또 울었답니다. 그렇게 울면서 상상으로 어머니를 만났습니다. 그는 "태기야, 내가 너를 얼마나 사랑했는지 아니? 너를 사랑했기에 네가 꼴찌 한 것을 보고서 화가 나서 견딜 수 없었던 거란다!"라는 마음이 들렸습니다.

그는 '우리 어머니는 교양 있게 표현하실 수 없으셨을 뿐이었구나!'라고 깨닫고 나니 그렇게 눈물이 나더랍니다. 그는 어머니께 '어머니의 마음을 이해하지 못하고 원망하고 미워했던 것을 용서해 주세요!'라고 편지를 써서 보냈습니다. 어머니는 미국에서 온 아들의 편지를 읽고 "내가 내 아들 마음에 멍이 들게 하였구나. 나를 용서해라."라며 종일 우셨답니다. 그 답장을 받은 정태기 박사도 몇 번씩 그 편지를 읽고 또 읽으면서 울었답니다. 그 후 허약했던 정태기 박사의 체중이 10kg이나 늘었고 지지부진하던 학위 논문도 무사히 마칠 수 있었다고 합니다.

하나님의 사랑을 가장 닮은 것이 부모의 사랑입니다. 하지만 인간은 근본적으로 죄인이기 때문에 부모의 사랑도 병들 수밖에 없습니다. 마음은 사랑일지라도 결과는 상처가 될 수 있습니다. 상처가 있는 사람이 상처를 주는 법입니다. 부모도 누군가에게 상처받았기 때문에 자녀들에게 의도치 않게 상처를 줍니다.

어느 목사님의 어머니는 아들 목회에 큰 지장을 줄 정도의 분이셨습니다. 어머니는 모든 사람에 대해 비판적이었습니다. 목사인 아들이 하는 일은 항상 못마땅하게 여기셨습니다. 그중 특히 며느리와의 관계가 안 좋았습니다. 어느 날 아들은 어머니의 성격이 여러 상처로 인한 것임을 알게 되었습니다. 어머님은 일찍 남편을 잃으시고 홀로 되신 후에 하나님과 세상에 대한 원망, 열등감이 가득하셨던 것입니다. 사랑받아본 경험이 없었기 때문에 70세가 넘어서도 다른 사람에게 사랑과 인정과 관심을 요구하셨던 것입니다. 아들인 목사님이 어머니를 이해하고 나니 어머니를 대하는 마음과 태도가 달라졌다고 고백했습니다.

상처는 부모가 주었어도 풀기는 자녀가 풀어야 합니다. 왜냐하면 상처를 준 부모는 상처를 줬다는 사실조차 모를 때가 많기 때문입니다. 부모는 자녀가 자신에게 받은 상처가 있다는 말을 들을 때 놀랍니다. 서운해하거나 노여워하기도 합니다. 그런데 문제는 자녀에게 있는 상처가 자녀의 평생 행복을 가로막는다는 것입니다.

한 성도는 목사님이신 아버지가 어릴 때 교회를 개척해 할머니 손에 자랐습니다. 할머니는 늘 아이가 잘못한 것을 아버지에게 일렀습니다. 아버지가 보고 싶었던 자녀는 가끔 아버지가 오시는 날을 기다리기도 했지만 동시에 두려워했습니다. 아버지가 오시는 날은 꾸중을 듣거나 매를 맞는 날이었기 때문입니다. 자녀는 아버지도, 어머니도, 할머니도 다 미웠습니다. 그런 자녀가 성장해서 가정을 꾸렸습니다. 그런데 그 가정은 지옥 같았습니다. 어릴 때 본인이 받았던 마음의 상처로 인해 아내와 자녀들에게 계속 상처를 주었기 때문입니다.

각자 자기 부모만 신경쓰면 된다는 뜻의 '셀프 효도'라는 말이 있습니다. 각자 자기 부모에게 잘하면 되는 거지, 왜 시댁 혹은 처가에 잘하기를 바라고 기대하냐는 말입니다. 이 말은 부부가 한 몸이 아니라는 말과 같습니다. 부부가 한 몸이라면 나의 배우자의 부모도 나의 부모입니다. 제 아내가 이렇게 말한 적이 있습니다.

저는 부모 복이 참 많은 사람입니다. 결혼하고 얼마 되지 않아서 상처하신 시아버님이 재혼하셔서 새 시어머니가 생겼습니다. 남편이 큰댁에 양자로 들어가 있어서 큰아버지 내외가 저의 또 다른 시부모님이셨습니다. 저는 "홀로 계신 친정어머니도 계시고, 목회자의 아내로 돌봐야 할 성도들도 많고, 왜 내 이름은 '열국의 어미'라는 뜻을 가진 리부가로 지으셔서 책임져야 할 사람이 이리도 많나. 언제쯤 홀가분하게 살 수 있을까?" 라는 생각을 많이 했습니다. 그런데 지금은 '이런 책임이 지금까지 내가 받은 축복들의 이유가 되었구나.'라는 것을 깨달았습니다.

10년 전, 주님이 책임감의 짐에서 완전히 자유롭게 하신 일이 있었습니다. 제가 고3 때, 아버지가 갑자기 돌아가셨습니다. 한순간에 남편을 잃으신 어머니는 어려운 상황에서도, 만나와 메추라기에 의지하여 사는 시기에도, 자녀들이 궁핍함을 느끼지 않도록 최선을 다하셨습니다. 그렇지만 저를 남편처럼 의지하셨고 저는 맏이로서의 깊은 책임감 속에서 살았습니다. 맏며느리, 맏딸, 사모와 같은 책임의 자리를 늘 벗어버리고 싶었습니다.

어느 해 교역자 모임에서 소그룹으로 나뉘어서 서로를 위해 예언의 기도를 해줬습니다. 그런데 한 교역자가 제게 하나님이 너무나 저를 사랑하시고, 저를 위해서 기도해주는 사람들이 많다는 기도를 해줬습니다. 저는 기도를 받으면서 저도 모르게 "정말 그럴까요?"라고 말했습니다. 그렇게 말하는 제 자신이 당황스러웠습니다. '나처럼 사랑을 많이 받고 자랐고, 지금도 이렇게 많은 사랑을 받는 사람이 없을 텐데 왜 나는 그런 말을 하는 것일까'라고 생각했습니다. 곰곰이 생각해보니 저는 사랑이 부족하지 않았습니다. 다만 객관적인 사실과 관계없이 '책임'이라는 틀에서 벗어나, 그냥 사랑받는 것에 대한 목마름이 있었던 것입니다. 그 사실을 깨닫고 참 많이 울었습니다. 기도를 마치고 주님의 안식 가운데로 다시 들어갔습니다. 그러자 아버지가 돌아가실 때가 생각났습니다. 아버지는 저녁 식사를 마치고 혼수상태에 들어가시기 전, 아무런 유언도 못 하시고 제 손을 꼭 잡고 이름만 계속 부르셨습니다. '십자가 동산'이라는 말을 열 시간 정도 되뇌이시다가 다음 날 새벽에 돌아가셨습니다.

저는 그때의 기억을 통해 아버지가 부르시던 제 이름, 책임감에 묶여있는 제 자신을 마주했습니다. 아버지가 제 이름을 부르실 때 "네. 아버지. 염려 마세요."라고 했던 대답에 저는 지난 30여 년의 세월을 묶고 있었습니다. 아버지가 계속 되뇌이시던 십자가 동산은 아버지가 영의 눈이 열려 보셨던 세계였을 뿐 아니라, 제 이름을 부르며 말씀해주시고 싶으셨던 세계였습니다.

"리부가야, 힘들지만 그것은 주님의 자리에 함께 있는 것이란다."

저는 그 안식 속에서, 깊은 눈물 속에서, 감정까지 완전히 회복했습니다.

부모를 공경하라는 말씀을 짐으로 여기지 마십시오. 주님이 우리에게 가정을 주신 것은 혈연이나 결혼으로 묶인 짐을 주신 것이 아닙니다. 또 책망하시려는 것도 아닙니다. 사랑인 축복의 관계를 누리고, 주님의 사랑 안에서 자유 하라고 초청

하시는 것입니다. 주님이 집요하게 여러분과 부모님과의 관계를 추적하신다면, 주님이 다루시라고 내어드리십시오. 깊은 속마음까지 완전히 고쳐주시길 원하시는 것입니다. 주님께서 완전한 자유와 사랑을 부으실 것입니다. 만약 가정이 기쁨이 아니라 의무라고 생각된다면 주님과의 관계를 점검해 보시기 바랍니다.

2. 예수님의 사랑으로 용서하고 사랑해야 한다

부모님에게 받은 쓴 뿌리를 어떻게 해결할 수 있을까요? 먼저 우리는 미처 깨닫지 못한 엄청난 사랑을 받아왔음을 알아야 합니다. 자녀는 부모에게 받은 작은 상처까지도 다 기억합니다. 그러나 부모는 자녀들이 준 큰 상처도 잊어버립니다. 이것이 부모와 자녀의 차이입니다.

> 82세의 노인이 52세 된 아들과 거실에 마주 앉았습니다. 그때 까마귀 한 마리가 나무에 날아와 앉았습니다. 아버지가 아들에게 물었습니다. "저게 뭐냐?" 아들은 다정하게 말했습니다. "까마귀예요, 아버지." 그런데 조금 후 아버지는 다시 물었습니다. "저게 뭐냐?" 아들은 짜증 섞인 목소리로 다시 "까마귀라니까요."라고 대답했습니다. 아버지는 조금 뒤 또 물었습니다. 세 번째였습니다. "저게 뭐냐?" 아들은 짜증이 났습니다. "글쎄 까마귀라니까요." 아들의 음성에는 아버지가 느낄 만큼 분명하게 짜증이 섞여 있었습

니다. 그런데 조금 뒤 아버지는 다시 물었습니다. 네 번째였습니다. "저게 뭐냐?" 아들은 화가 나서 큰 소리로 외쳤습니다. "까마귀! 까마귀라고요! 이해 안 되세요? 왜 자꾸 같은 질문을 하세요?"

아버지는 잠시 방에 들어가 매우 낡은 일기장을 들고 나왔습니다. 아버지는 일기장을 펴서 아들에게 주며 읽어보라고 했습니다. 아들은 일기장을 읽었습니다. 자신이 세 살배기 아기일 때의 이야기였습니다.

오늘은 까마귀 한 마리가 창가에 날아왔다. 어린 아들이 "저게 뭐야?" 하고 물었다. 나는 까마귀라고 대답해주었다. 아들은 똑같은 질문을 연거푸 스물세 번이나 물었다. 나는 귀여운 아들을 안아주며 끝까지 다정하게 대답해주었다. 나는 까마귀라고 똑같은 대답을 스물세 번 하면서도 즐거웠다. 아들이 호기심을 가지는 것에 감사했고 아들에게 사랑을 준다는 게 즐거웠다.

백혈병으로 자녀를 잃은 한 부부의 이야기입니다.

아이에게 백혈병 진단이 내려진 순간, 저는 삶의 의미를 상실했습니다. 그리고 남편의 통곡 소리와 함께 아이가 세상을 떠나던 날, 저는 괴성을 지르며 몸부림치다 입술이 디지고 온몸에 피멍이 들었습니다. 그때 저는 '이대로 한 줌의 재가 되어 아들 곁에 뿌려지리라' 하는 생각뿐이었습니다.

그렇게 하룻밤이 지났습니다. 새벽 즈음에 눈을 떠보니 언제 오셨는지 아버지께서 제 앞에 서 계셨고, 누워있는 저를 일으키셨습니다. 그리고 저는 아버지의 손에 이끌려 이슬이 채 걷히기도 전에 친정집에 도착했습니다. 아버지는 저를 방에 들여보내셨고 잠시

나가시더니 약사발을 들고 오셨습니다.

"보약이다! 너 오면 먹이려고 밤새 달여 놓은 거여. 어여 마셔라."

죽은 자식을 가슴에 묻고 보약을 먹으라는 아버지가 야속하기만 했습니다. 저는 약사발을 거세게 밀어냈습니다. 내팽개쳐진 약사발은 방바닥에 나뒹굴었습니다. 아버지는 버럭 역정을 내셨습니다.

"왜 이러는 거여! 너도 니 아들 따라 죽을끼여? 니한테 그놈이 가슴 애린 자식이면, 이 애비한테는 니가 그런 자식이란 말이여! 이 애비 마음을 그렇게도 모르겠는거여?"

아버지의 목소리는 젖어 들고 있었습니다. 저는 '아, 자식이 짊어진 고통의 무게만큼 당신도 함께 그 고통을 겪고 계셨구나!'라는 생각에 아버지 앞에서 오랫동안 목 놓아 울었습니다.

그날부터 저는 며칠 동안 잠을 잤는데, 잠결에도 군불을 지피는 아버지의 손길을 느낄 수가 있었습니다. 또 아버지는 몸도 가누지 못하는 저를 일으켜 벽에 기대 앉혀놓고 때마다 정성껏 달인 보약과 밥을 먹이셨습니다. 그리고 제 입에 밥술을 떠 넣으실 때마다 마치 주문이라도 외듯 똑같은 말씀을 중얼거리셨습니다.

"너무 애달파 말그라. 시상엔 사람 힘으로 어찌할 수 없는 게 있는 기여! 그간 자식 살리겠다고 얼매나 애간장이 탔것냐? 얼렁 세월이 흘러야 니 마음이 편해질 거인데, 얼렁얼렁 세월이 흘러야, 얼렁얼렁 세월이 흘러야."

아버지는 그렇게 슬픔 속으로만 빠져드는 저를 붙들어주셨습니다. 따뜻하게 보듬어주셨습니다. 늘 변함없는 자상함으로 자식들의 울타리가 되고 지친 우리에게 편안한 쉼터가 되어주셨던 아버지, 당신은 저의 영원한 고향이십니다.

4과 **자녀는 예수님 안에서 부모를 공경하라**

부모로부터 받은 상처가 있다면, 우리에게 부어 주시는 폭포수 같은 하나님의 사랑을 부모님께 적용해야 합니다. 부모와 자녀 사이에 예수님의 보혈이 흘러야 합니다. 혈기로 매를 든 부모, 돈타령만 했던 부모, 모범이 되지 못한 부모, 항상 남과 비교하여 자녀에게 열등감만 남겨 준 부모 등 어떤 상처를 준 부모라도 용서해야 합니다. 이것이 치유되지 않으면 배우자와 자녀들에게 그 쓴 뿌리가 전해지기 때문입니다. 예수님의 마음으로 부모님을 용서하고 사랑하는 것, 그것이 상처를 주고받는 악순환의 고리를 끊는 길입니다.

아버지를 살해해 사회에 엄청난 충격을 주었던 교수가 있었습니다. 그는 어릴 때 아버지께 욕만 듣고 자랐습니다. 게다가 아버지는 어머니를 두고 또 새어머니를 두었습니다. 이 아들의 마음에 생긴 상처는 미움으로, 분노로, 증오로 변했습니다. 아들은 '어떻게 엄마의 원수를 갚아 줄까?'라는 생각으로 가득했습니다. 어릴 때부터 아버지를 몽둥이로 때리는 꿈을 꾸었다고 합니다.

그는 아버지를 살해하는 끔찍한 사건을 저지른 후에 붙잡혀가면서도 혼잣말로 "내가 40년을 참았는데, 왜 20년을 더 참지 못했을까?"라며 탄식했답니다. 교수는 사형이 아니라 무기징역으로 최종 판결이 나왔습니다. 사형을 선고하려 했던 검찰이 오히려 동정하여 사형은 너무 가혹하다고 생각했기 때문입니다. 치유 받지 못한 상처로 인해 결국 아버지를 살해하는 데까지 이르렀고, 아버지를 용서하지 못했기 때문에 더 큰 불행을 자초하고 만 것입니다.

《마음을 열어주는 101가지 이야기》(이레)에 실린 실화입니다. 한 아버지가 췌장암에 걸려 6개월밖에 살지 못한다고 했습니다. 그 아버지에게는 의사 아들이 있었습니다. 그 아들은 아버지와의 관계가 좋지 않았습니다. 아버지는 무뚝뚝하고 고집도 쎄고 고지식해서 아들에게 한 번도 애정 표현을 한 적이 없었습니다. 아들은 자라면서 항상 아버지에게 분노를 느꼈고 자연스럽게 부자간의 사이는 더욱 멀어졌습니다. 아들의 삶은 행복하지 않았습니다. 그에게는 쓴 뿌리가 있었기 때문입니다.

그런데 아버지가 세상을 떠날 때가 되자, 아들은 아버지와 화해하고 싶은 마음이 들었습니다. 아들은 아버지에게 "아버지, 저는 아버지를 진정으로 사랑하고 싶어요."라고 고백했습니다. 놀란 아버지는 온몸이 굳어졌고 아무 반응이 없었습니다. 아들은 '우리 아버지는 역시 가망이 없구나'라고 생각했습니다. 몇 달이 지난 어느 날, 아버지가 아들을 안았습니다. 그리고 또 몇 주가 지난 후, 아버지는 아들에게 "얘야, 널 사랑한다."라고 말했습니다. 아들은 아버지께 처음으로 들은 사랑의 고백이었습니다.

당신의 아버지를 용서하십시오. 어머니를 용서하십시오. 부모와의 관계 회복은 축복의 통로를 여는 열쇠입니다. 진심으로 부모를 용서할 때, 깊은 상처로부터 치유와 자유를 얻을 수 있습니다.

한 선교사님이 사역하실 때의 이야기입니다. 어느 교인이 성격이 괴팍해서 사람들과 정상적인 관계를 맺지 못해 매우 고통스러워했습니다. 어느날 이 교인이 선교사님을 찾아와 상담을 요청했습니다. 그는 모든 관계 중에 부부 관계를 제일 어려워했습니다. 그와 상담하다가 그가 관계에 어려움을 겪는 문제의 뿌리를 발견했습니다. 그는 어린 시절 간질이 있었습니다. 아버지는 이 사실을 알고 아들에게 사랑을 주지 않았습니다. 그는 자신을 피하는 아버지가 미웠고 하나님도 원망스러웠습니다. 아버지에게 버림받았다는 상처로 그 어떤 누구와도 사랑과 믿음의 관계를 맺지 못했던 것입니다.

그가 다른 사람들과 겪은 관계의 어려움이 아버지와 해결되지 못한 뿌리 때문이라는 것을 깨달았을 때, 아버지는 이미 돌아가셨고 그의 곁에 계시지 않았습니다. 선교사님은 아버지를 대신해 그에게 말했습니다.

"아들아, 네가 나를 얼마나 필요로 하는지 몰랐단다. 내가 너를 버린 것은 참으로 미안하구나. 그때는 나 자신도 너무나 문제가 많아서 너와 같은 아들을 어떻게 대해야 하는지 몰랐단다. 내가 너를 너무 아프게 해서 미안하구나!"

선교사님은 그의 아버지 대신에 그에게 용서를 구했습니다. 이 말을 듣던 형제는 울기 시작했습니다. 그러고는 아버지를 용서한다고 고백했습니다. 덧붙여 그가 이렇게 말했습니다.

"내 안에 무엇인가가 막 뜁니다."

아버지 앞에서 뛰는 아이를 느낀 것입니다. 그의 아내도 함께 상담받았습니다. 부부는 서로 상처가 많았습니다. 상처 많은 두 사람이 만나서 아내는 남편에게, 남편은 아내에게 상처를 주며 살았던 것입니다. 부부의 쓴 뿌리였던 부모와의 관계가 해결되니 가정이 행복해졌습니다.

한 교회에서 어버이 주일을 앞두고 '기도로 꽃피우는 카네이션'이란 주제로 특별새벽기도회를 열었습니다. 자녀의 기도로 꽃피운 카네이션을 받는 부모는 행복한 부모일 것입니다.

한 남자 청년이 울음 섞인 목소리로 이렇게 간증했습니다.

청년은 어느 날 엄마에게 "엄마, 제가 어떤 아들이에요? 저랑 있으면 행복하지 않아요?"라고 물었습니다.

그때 엄마가 대답했습니다.

"말하지 않았지만 네가 취직하면 엄마랑 아빠는 시골로 내려가서 따로 살려고 했다. 너를 보고 있으면 엄마도 아빠도 지칠 때가 많단다."

"저는 어머니의 말을 듣고 통곡했습니다. 내가 가장 사랑하는 사람들이 나를 보면 지친다고 말하니 저의 마음은 무너져 내렸습니다. 저는 제가 두려워졌습니다. 저에게 절망했습니다. 저희 집이 고물상을 할 때도, 슈퍼마켓을 할 때도 저는 부모님에게 자랑거리였습니다. 제가 학교에서 시험을 잘 보면 부모님이 행복해하셨습니다. 행복해하시는 부모님의 모습을 보고 공부도 더 열심히 했습니다. 나중에는 제가 원하는 대학교에 입학할 수 있었습니다. 대학교에서 합격자를 발표하고 며칠 후, 저는 아버지와 함께 낚시터에 갔습니다. 아버지는 저에게 이렇게 말씀하셨습니다."

"아빠는 네게 실망했다. 더 좋은 학교에 갈 수 있었는데 너는 도전을 포기했다."

"저는 예상치 못한 아버지의 말에 놀랐습니다. 그때 들었던 아버지의 말은 제 마음에 큰 상처가 되었습니다. 저는 나름대로 최선을 다했고 합격한 대학교에 만족했습니다.

그러나 아버지는 만족하지 않으셨습니다. 아버지의 기대가 버거웠습니다. 그래서 저는 '그렇다면 고시를 합격해서 아버지께 인정받아야지.'라고 생각했습니다. 20대 때는 '고시 합격'이라는 하나의 목표만 바라보며 지냈습니다. 하지만 고시 합격은 생각보다 어려웠습니다. 결국 저는 고시에 합격하지 못했고 아버지는 저에게 실망을 감추지 못하셨습니다. 아버지는 제가 변했다고 하셨습니다. 하지만 저는 변한 적이 없습니다. 아버지의 인정을 받고 싶은 마음은 예나 지금이나 같았습니다. 그런데 어느 순간 저는 아버지께 실망만 드리는 아들이 되어 있었습니다. 아버지의 실망에 원망하고 반항하는 아들이 되어 있었습니다. 부정적인 생각들이 계속되었고 나중에는 '차라리 내가 사라지면 아버지가 행복하실까?'라는 비참한 생각도 들었습니다. 아버지는 저에게 아픔이자 두렵고 힘든 존재였습니다."

정말 감사한 것은 이 청년은 십자가의 복음을 알게 되어 구원받았습니다. 청년은 그의 아버지도 부모에게 받은 상처가 컸음을 이해했고 이제는 아버지의 구원을 위해 기도하게 되었습니다.

한 성도가 편지를 보냈습니다. 어머니와의 관계가 어려워서 괴로워하던 분입니다. 아무리 애를 써도 해결되지 않아서 고민이었습니다. 그러던 중 예수님이 깨닫게 해주셨습니다.

"그동안 나를 괴롭게 한 것은 어머니가 아니라 나 자신이었습니다. 오늘부터 나는 어머니를 예수님으로 모시고 살렵니다. 아침부터 실천해보니 제 마음이 소프트아이스크

림이 된 것 같습니다. '예, 어머니. 예, 예수님.' 이제 어머니가 예수님이 되었으니 더는 어머니와의 다툼은 없겠죠."

주님의 눈으로 보면 부모도 연약한 인간이며, 부모도 똑같이 사랑과 위로가 필요한 존재라는 것이 보입니다.

인도에서 사역하시는 한 선교사님이 설교 중에 이런 이야기를 하셨습니다.

"집이 평창인데 고등학교 때 원주로 유학을 나갔어요. 저희 부모님은 단 한 번도 제 자취방에 찾아오신 적이 없었답니다. 학교는 말할 것도 없었죠. 대학교 진학을 해야 하는데 부모님과 진로상담도 해보지 못했답니다. 저는 부모님과 친밀하지 않았습니다. 그런데 DTS(Discipleship Training School)를 하면서 아버지에 대해 생각하게 되었습니다. 늘 서먹하고 어렵기만 하던 아버지와의 관계를 풀어야겠다는 생각이 들었습니다. 그래서 고향에 가서 아버지께 같이 목욕가자고 했습니다. 저는 목욕을 하고 아버지께 커피를 마시자고 했습니다. 아버지와 커피를 마시며 아버지께 그동안 섭섭했던 일들을 말했습니다. 아버지의 반응은 예상외였습니다. 아버지는 왈칵 눈물을 쏟으셨습니다. 아버지는 마음은 그렇지 않는데 어떻게 해줘야 할지 몰랐다고 하셨습니다. 그때, 저는 아버지의 삶에 대한 이해가 생겼습니다. 저는 그 이후로 아버지와의 관계를 세울 수 있게 됐습니다."

부모님을 이해할 수 있다면 진짜 부모에게서 독립하는 것입니다. 결혼생활은 부부가 해야 합니다. 그런데 여전히 부부싸움 하면 부모에게 달려가서 부부싸움을 넷이서 하는 가정이 참 많습니다. 부모랑 같이 살고 싶지는 않고, 물리적으로 독립은 했는데 결정적으로 부부 갈등이 생기면 서로의 부모님께 달려가는 경우가 많습니다. 부부싸움의 원칙은 링 위에서, 두 사람이 하는 것입니다. 제 아내 또한 가정을 통해 놀라운 변화를 경험했습니다.

시어머니는 저에게 있어서 영원한 선교지였습니다. 어머니가 돌아가시고 제가 결혼한 다음 해에 아버님이 재혼을 하셨습니다. 새어머니도 자신의 자식이 아닌 자녀들을 받아들이기 힘드셨겠지만, 형제들도 어머니를 받아들이는 데에 어려움이 많았습니다. 당시에는 어려웠지만 돌아보니 시어머니는 저의 사랑을 다루시는 주님의 손길이 되었습니다. 오랜 세월, 눈물의 기도가 어머니를 바꾸진 않았지만 주님은 저를 바꾸셨습니다. 미운 마음, 따지고 싶은 마음, 분한 마음, 억울한 마음이 없어졌습니다. 주님이 제 안에 있던 분노를 다 녹이셨습니다. 한 걸음 더 나아가, 불쌍해서 못 견디게 만드셨습니다. 하나님은 용서와 사랑의 하나님이심을, 내 힘이 아닌 하나님의 도우심으로 용서하고 사랑할 수 있다는 것을 시어머니와의 관계를 통해서 경험했습니다.

어느 날에는 명절이 다가오자 시동생들이 반란을 일으켰습니다. 명절에 못 오겠다는 것입니다. 여러 이유가 있었지만 속내는 가기 싫다는 것이었습니다. 저는 무너진 마음을 부여잡고 울며 시동생들에게 전화했습니다. 전화해서 "우리가 그동안 순종으로 쌓아온 것을 이렇게 허물 수는 없잖아. 내가 다 해놓을 테니 오기만 했으면 좋겠어."라고 말했습니다. 음식을 장만하면서 기도할 때, 주님은 '이제는 네가 탕자의 어미라 돼라.'라는 마음을 주셨습니다. 우여곡절이 있었지만 가족들은 함께 모여 식사하고 예배드리며 명절을 보냈습니다.

가족들을 다 보내고 자는 중에 전화가 왔습니다. 아버님이 쓰러지셨다는 것입니다. 아버님은 그 이후 2년 2개월 동안 중환자실과 요양원을 오가며 사시다 돌아가셨습니다. 저는 만약 그때 주님의 말씀에 순종하지 않았다면 후회했을 것입니다. 아버님이 요양원에 계시는 2년이라는 시간 동안, 하나님은 저에게 많은 것을 가르치셨습니다. 어떤 생명도 다 소중하고 가치 있다는 것을 몸소 체험하고 배웠습니다. 부모를 모시고 어려움을 겪는 교인들이 저를 보면 위로받는다고 합니다. '사모님도 우리와 똑같은 일을 겪으면서 사는구나.'라고 생각한답니다. 아버지가 요양원에서 겨우 목숨만 붙어있던 시간이었지만 아버님은 모든 일을 하셨습니다. 형제들 안에 어머니와의 관계에서 모든 앙금이 녹았습니다. 아버님을 수목장하고 내려오는 길에 동서가 저를 끌어안고 울면서 "형님 감사합니다. 형님 때문에 우리가 다 승리자가 되었어요."라고 했습니다.

시아버님의 장례를 치르면서 순종과 인내에 대해 많은 생각을 했습니다. 가족 관계에서는 한 번의 순종으로 열매를 거둘 수 없습니다. 변화가 없어도 평생 포기하지 않고 끝까지 묵묵히 순종해야 합니다. 순종한다면 인생의 끝에서 승리의 노래를 부르며 진정한 열매를 거두게 됩니다. 어떤 분들은 제가 사랑의 사람이라고 생각하실 수 있습니다. 하지만 저도 여전히 마음을 힘들게 하는 사람들을 만납니다. 사랑 때문에 몸부림치며 기도해야 할 때도 있습니다. 주님은 제가 용서하기 싫고, 사랑하기 싫을 때마다 저에게 '너는 누구냐 둘째 아들이냐 첫째 아들이냐 아니면 어미냐'라고 물어보십니다. 주님의 부르심은 순종하기 힘든 명령이 아니라 축복의 초대입니다. 이제는 그 축복의 초대를 힘써 붙잡으려고 합니다.

혹, 부모님이 멀리서 살거나 돌아가셨다고 해서 끝난 것이 아닙니다. 돌아가신 부모님을 용서하고 상처를 치유해야 비로소 부모님으로부터 완전히 떠난 것입니다. 그래야 여러분이 자녀에서 부모의 자리로 옮겨 서게 되는 것입니다. 저는 '만국의 어머니'라는 뜻의 리부가라는 제 이름을 좋아합니다. 제가 그런 존재가 되지 못하기 때문에 주님은 저의 그릇을 찢어서 넓혀주셨습니다. 오랜 시간 왜 나만 힘들고 무거운 책임을 지고 있는지 의문이었는데, 이제는 그것이 하나님과 동역하는 자리로 초대받은 것임을 알게 되었습니다.

부모를 하나님의 눈으로 보고, 용서하고, 사랑하고, 공경함으로 부모를 떠나 여러분이 부모로 세워지길 축복합니다. 부모의 자리에 서게 되는 것은 하나님과 동역하는 자리에 서게 되는 것입니다.

선한목자교회
〈행복플러스 가정세미나〉 강의

■ 부모로부터 받은 마음의 상처를 써 보십시오. 그것이 나의 삶에 어떤 영향을 미쳤습니까?

4과 자녀는 예수님 안에서 부모를 공경하라

■ 부모님을 용서했습니까? 부모님을 주님의 사랑으로 사랑합니까?

■ 부모님 감사합니다!

부모님께 감사하다는 표현을 얼마나 자주 했습니까?

어린 시절부터 지금까지 부모님께 감사한 일들을 떠올려보고

사랑의 마음을 담아 편지를 써 보십시오.

4과 자녀는 예수님 안에서 부모를 공경하라

예수와 함께 죽고 예수로 사는 가정

부모는 예수님의 교훈과 훈계로 자녀를 양육하라

또 아비들아 너희 자녀를 노엽게 하지 말고
오직 주의 교훈과 훈계로 양육하라
에베소서 6장 4절

자녀와 소통하고 살고 있습니까?

미국 중산층 가정의 경우, 아버지가 자녀와 함께 보내는
시간은 하루 평균 15-30분에 불과하다고 합니다. 이 시간
중 아버지와 자녀가 대화를 나누는 시간은 고작 3분, 서로
눈을 맞추는 횟수는 평균 2.7회이고, 1회에 눈을 마주치며
대화를 나누는 시간은 35초 정도라고 합니다. 우리나라의
경우는 어떨까요?

Q. 자녀들과 하루에 몇 분 정도 대화합니까?

자녀들과 나누는 대화의 주제는 주로 어떤 것입니까? 자세히 써 보십시오.

⑤ **부모는 예수님의 교훈과 훈계로
자녀를 양육하라**

**또 아비들아 너희 자녀를 노엽게 하지 말고
오직 주의 교훈과 훈계로 양육하라**
에베소서 6장 4절

처음 이 교재를 만들 때, 5단원은 큰 부담이 없는 단원이었습니다. 그러나 지금은 모든 단원 중에 가장 어려운 단원이 되었습니다. 자녀들의 문제가 심각해졌기 때문입니다. 우리 자녀들이 성인이 되었을 때, 세상은 어떨까요? 상상만으로도 두려운 일입니다. 그렇다면 부모로서 자녀들을 어떻게 양육하며 기도해야 할까요? 건강하게 좋은 것을 먹이고 좋은 대학, 좋은 직장만 보내면 되는 것일까요?

여러 사정으로 자녀가 없는 가정도 있습니다. 하지만 자녀가 없는 가정일지라도 자녀 양육의 문제를 다른 사람의 일로 여겨서는 안 됩니다. 우리는 공동체 안에 살기 때문에 다음 세대 문제는 개인의 문제가 아니라 우리 모두의 문제입니다. 그러므로 하나님께서 자녀 양육에 대하여 주신 말씀은 다음 세대들을 위해 주신 말씀으로 받아야 합니다.

Q. 에베소서 6장 4절을 읽고 다음 질문에 대한 답을 써 보십시오.

■ 자녀들에게 어떻게 하라고 했습니까?

■ 자녀를 노엽게 한 적은 없습니까? 있다면 언제였습니까?

■ 자녀들을 어떻게 양육하라고 했습니까?

하나님은 자녀 양육에 관해 부모들에게 두 가지를 말씀하셨습니다.

5과 부모는 예수님의 교훈과 훈계로 자녀를 양육하라

1. 자녀를 노엽게 하지 마라

여기서 '노엽게' 한다는 말은 '화가 날 만큼 분하고 섭섭하다.'라는 뜻입니다. 자녀를 노엽게 한다는 것은 자녀의 마음이 부글부글 끓게 만든다는 것입니다. 하나님은 자녀 양육에서 제일 중요한 점은 자녀의 마음에 노여움이 없게 하는 것이라고 말씀하십니다.

많은 부모는 자녀가 화를 내면 "아니 얘 봐. 어디서 화를 내! 어디서!"라는 식으로 반응합니다. 부모에게 화내는 자녀를 야단칩니다. 그러나 한 가지 사실을 먼저 인정해야 합니다. 사람이라면 누구나 화날 때가 있습니다. 부모가 화가 날 때가 있듯이 당연히 자녀도 화날 때가 있습니다. 자녀의 화를 상한 마음을 표현한 것이라고 받아들여야 합니다. 이를 부모에 대한 도전으로 받아들인다면 자녀에게 더 큰 상처를 주게 됩니다.

한 아버지가 대학 입시를 준비하며 고생하는 딸이 안쓰러웠습니다. 아버지는 딸의 기력을 보충해주고 싶어서 곰탕을 먹으러 갔습니다. 아버지는 딸이 너 맛있게 먹었으면 하는 마음에 딸의 그릇에 양념과 후추를 듬뿍 넣어 주려 했습니다. 그러자 딸은 양념과 후추가 싫다고 했습니다. 갑자기 아버지는 정색하며 "무슨 소리야. 이렇게 해야 맛있는 거야. 잔말 말고 넣어."라고 했습니다. 딸은 아버지의 말을 듣고 다시는 아버지와 밥을 먹으러 가지 않겠다고 결심했습니다. 아무리 좋은 의도라도 일방적이면 안 됩니다.

청소년 수련회에 가면 기도 시간에 대성통곡하며 기도하는 아이들이 있습니다. 아이들이 울며 기도하는 이유가 무엇인지 상담해보면 대부분 부모와의 관계 문제입니다. "부모님이 저를 사랑하지 않아요. 저는 부모님께 기쁨을 주는 존재가 아니에요." 등 들어보면 기가 막힌 말을 합니다.

자녀를 야단칠 일이 있어도 마음의 화를 풀어줘야 마음의 문이 닫히지 않습니다. 에베소서 4장 26-27절에서 "분을 내어도 죄를 짓지 말며 해가 지도록 분을 품지 말고 마귀에게 틈을 주지 말라."라고 했습니다. 자녀가 화를 풀지 못하면 마귀가 틈탄다는 사실을 알아야 합니다. 많은 청소년의 문제가 이런 원인 때문입니다. 한 번 마음이 닫히면 그다음에는 아무리 옳은 말을 해도 들으려 하지 않습니다. 오히려 반대로 엇나갑니다. '신앙생활 거부, 공부 거부'를 합니다. 부모가 괴로워하는 것을 즐기게 됩니다. 자녀들이 부모에게 복수할 수 있는 방법이 이 방법뿐이기 때문입니다. 자녀의 마음이 닫히는 것은 매우 무서운 일입니다. 그렇기 때문에 자녀의 마음이 닫히지 않도록 미리 주의해야 합니다.

그렇다면 자녀들은 부모와의 관계에서 어떨 때 분노가 생길까요? 여러분의 어린 시절을 생각해보십시오. 부모의 어떤 모습을 보고 화가 났습니까?

첫째, 부모가 서로 헤어질 때입니다. 부모가 서로 헤어지는 불안정한 상황에서 자녀들은 불안과 분노를 느낍니다.

둘째, 부모가 화목하지 못하고 싸울 때입니다. 부모의 불화를 보면 자녀들은 두려워합니다. 물론, 부부가 함께 살다 보면 부부간에 갈등이 생길 수도 있습니다. 부부간의 갈등이 생기는 것은 이해하지 못할 행동은 아닙니다. 하지만 어린 자녀는 부모의 갈등을 이해하지 못합니다. 심지어 죄책감에 휩싸이기도 합니다. 부모의 불화나 결별이 자기 때문이라고 생각합니다. 이때 아이들이 느끼는 불안감, 공포, 죄책감 등이 겉으로는 표현되지 않지만 심한 분노로 마음속에 자리 잡게 됩니다. 폭력성을 가지게 되고 죄의 유혹을 이기지 못하게 합니다. 무절제하며 욕심에 끝이 없어집니다. 그러면서 학원에 보내면 뭘 합니까? 좋은 대학에 보내면 뭘 합니까? 한 청년은 어렸을 때의 경험 때문에 돈에 대한 문제를 극복하기 어려워했습니다.

> "어려서 어머니가 아버지께 돈 문제로 잔소리하는 것이 가장 싫었습니다. 밥을 굶어도 싸우지만 않으셨으면 좋겠다고 생각했습니다. 그래서 어른이 되어서도 제 안에 돈 문제를 해결하는 것이 극복하기 어려운 문제였습니다."

셋째, 부모가 사회적으로 비난받을 만한 행동을 할 때입니다. 자녀가 사리를 분별할 수 있는 나이가 되면 부모의 잘못된 행동에 대해서 부끄러움을 느끼고 용납할 수 없다고 생각합니다. 부모의 행동으로 자녀들의 마음에는 화가 쌓입니다. 작은 죄라고 생각했던 행동이 큰 죄가 됩니다. 부모가 거짓말하면 자녀는 부모를 이중적인 사람으로 생각합니다.

고3 여학생이 메일을 보냈던 적이 있습니다. 얼마 전, 우연히 아버지의 휴대폰에 음란물이 있음을 발견하고 큰 충격을 받았다는 것입니다. 통곡하는 심정으로 어떻게 하면 좋으냐고 메일을 보내왔습니다. 부모들은 자녀들이 보고 있음을 명심해야 합니다. 자녀들이 어릴 때는 말을 못 할 뿐이지 다 지켜보고 생각합니다. 그러다 아이가 크면 어느 날 자기에게 야단치는 부모에게 대듭니다. 그러면서 "아빠랑 엄마도 저번에 이런 일을 했잖아?"라고 말합니다. 부모의 잘못을 본 자녀는 야단을 맞아도 얼굴에는 불만이 가득합니다. 자녀들이 사춘기에 갑자기 부모에게 반항하고 공격적으로 행동하는 이유는 부모의 비난받을 만한 행동이 쌓였기 때문입니다.

넷째, 부모가 사랑을 베풀어주지 않고 무관심할 때입니다. 부모의 관심을 받지 못한 자녀는 부모의 관심을 받기 위해서 더 격하게 행동합니다. 사람에게는 누구나 사랑이 필요합니다. 자녀들이 게임 중독, 식탐, 가출 등에 빠지는 것은 사랑을 느끼지 못하기 때문입니다.

이어령 선생님은 젊은 시절에 가난하고 삶이 너무 바빴다고 합니다. 아빠로서 딸에게 사랑을 표현하는 방법은 돈을 벌어 바비인형, 피아노를 사주고 좋은 사립학교에 다닐 수 있게 해주는 것이라고 믿었습니다. 어느 날, 서재에서 글을 쓰던 중에 어린 딸이 서재의 문을 두드렸습니다. 딸이 자기 전에 아빠에게 굿나잇 인사를 하러 온 것입니다. 아마도 딸은 아빠가 안아주고 새 잠옷을 알아봐 주기를 바랐던 듯 합니다. 그런데 아빠는 마침 떠오르는 영감을 글에 담아내고 있어서 딸을 쳐다볼 여력이 없었습니다. 아빠는 뒤돌아보지도 않은 채 손만 흔들며 "굿나잇 민아."라고 인사했습니다. 딸은 아빠의 뒷모습만 보고 방으로 돌아갔습니다. 시간이 흘러 딸은 결혼도 하고 어느덧 중년의 나이가 되었습니다. 하지만 딸은 암에 걸려 결국 아버지보다 먼저 하나님의 부름을 받았습니다. 이어령 선생님은 《딸에게 보내는 굿나잇 키스》(열림원)에서 이렇게 말했습니다.

어린 시절, 아빠의 사랑을 받고 싶었다는 너의 인터뷰 기사를 읽고서 까마득히 잊고 있었던 기억들이 되살아났다. 글의 호흡이 끊길까 봐 널 돌아다볼 틈이 없었노라고 변명할 수도 있다. 그때 아빠는 가난했고 너무 바빴다고 용서를 구할 수도 있다.

무엇보다도 바비인형이나 테디베어를 사주는 것이 너에 대한 사랑인 줄 알았고 네가 바라는 것이 피아노이거나, 좋은 승용차를 타고 사립학교에 다니는 것인 줄로만 여겼다. 하찮은 굿나잇 키스보다는 그런 것들을 너에게 주는 것이 아빠의 능력이요 행복이라고 믿었다.

(중략) 만일 지금 나에게 그 삼십 초의 시간이 주어진다면, 하나님이 그런 기적을 베풀어주신다면, 그래 민아야, 딱 한 번이라도 좋다. 낡은 비디오테이프를 되감듯이 그때의 옛날로 돌아가자.

나는 그때처럼 글을 쓸 것이고 너는 엄마가 사준 레이스 달린 하얀 잠옷을 입을거라. 그리고 아주 힘차게 서재 문을 열고 "아빠 굿나잇!" 하고 외치는 거다. 약속한다. 이번에는 머뭇거리면 서 있지 않아도 된다. 나는 글 쓰던 펜을 내려놓고, 읽다 만 책장을 덮고, 두 팔을 활짝 편다. 너는 달려와 내 가슴에 안긴다. 내 키만큼 천장에 다다를 만큼 널 높이 치켜들어 올리고 졸음이 온 너의 눈, 상기된 너의 뺨 위에 굿나잇 키스를 하는 거다. 굿나잇 민아야, 잘 자라 민아야.

사람은 누구나 자신을 공감해주고 이해해주고 사랑해 주는 이를 만나지 못하면 마음도, 생활도, 윤리의식도 무너집니다. 가정도 팽개쳐 버리고 이해할 수 없는 어리석은 행동을 하게 됩니다. 우리는 왜 육신에 끌려 사는 것입니까? 진정한 사랑을 찾지 못했기 때문입니다.

> 노벨 평화상 수상자인 제인 아담스[Jane Adams]는 평생 미국 시카고 빈민굴에서 문제아들과 함께 보냈습니다. 그녀는 만나는 부모마다 이런 말을 했습니다.
> "딸이 엄마와 얘기하고 싶어 하면, 지금 오븐에 음식이 타고 있어도 먼저 딸과 이야기하세요. 아들이 아버지와 얘기하고 싶어 하거든 가게 문을 닫고라도 아들의 말 상대가 되어주십시오. 그것이 돈을 버는 길입니다."

예수님을 믿는 가정이면서도 기쁨과 감사, 사랑은 없이 야단치고, 잔소리하고, 강요하는 분위기라면 예수님을 믿는 가정이 좋다는 느낌이 들지 않습니다. 그러면 부모가 "예수님 잘 믿어라. 잘 믿어라." 노래를 부르는 데도 빗나가는 자녀가 생기게 됩니다.

다섯째, 부모가 정직하지 못할 때입니다. 부모가 어쩔 수 없는 상황 때문에 부정직하게 행동하더라도 자녀는 부모의 상황이나 형편을 고려해 이해하지 못합니다. 정직하게 살라고 가르치며 정작 정직하게 살지 못하는 부모의 모습을 받아들이지 못합니다. 부모는 자녀를 야단치기 전에 자신을 먼저 돌아봐야 합니다. 자녀들을 노엽게 하고 있지는 않습니까?

2. 주의 교훈과 훈계로 양육하라

'주의 교훈과 훈계'란 무엇일까요? 매주 교회에 보내고, 성경을 읽게 하고, 기도하게 하고, 가정예배를 드리면 주의 교훈과 훈계로 양육하는 것일까요? 이것보다 더 중요한 것이 가정의 분위기입니다. 예수님을 믿는 것과 별개로 유교적인 분위기를 가진 가정이 많습니다. 이런 분위기에서 지내는 자녀는 마음에 화를 품게 됩니다. 믿음의 가정이지만 부모가 이중적이라고 느낄 뿐, 부모의 신앙이 좋다고 생각하지 않습니다. 십자가의 능력으로 사는 가정 분위기는 기쁨과 감사와 사랑입니다.

많은 성도의 가정에서 가정예배를 드리지만, 자녀들은 가정예배를 매우 싫어합니다. 가정예배는 충분히 기도로 준비된 상태에서 드려야 합니다. 가정예배에는 회복이 있어야 합니다. 자녀들이 가정예배를 싫어하는 이유가 있습니다. 가정예배를 통해 가정 안에서 은혜와 사랑의 분위기를 경험해야 하는데 율법적으로 예배를 드리기 때문입니다. 예배 안에서 사랑을 느끼고 회복하는 것을 중요하게 생각하지 않고 시간에 맞춰서 빠지지 않고 드렸다는 것을 중요하게 생각합니다. 어떤 가정은 성경 말씀을 빙자해 평소 자녀들에게 훈계하고 싶었으나 하지 못했던 말을 하기도 합니다. 심지어 예배 때마다 야단치고 회초리를 들기도 합니다. 준비기도 없이 드리는 가정예배는 자녀에게 아무런 기쁨이 되지 않습니다. 사랑과 은혜의 분위기는커녕 지겹고 피하고 싶은 시간이 됩니다.

자녀들은 부모가 말하는 내용보다 부모와 가정의 분위기를 통해서 배웁니다.

예수와 함께 죽고 예수로 사는 가정

아무리 맞는 말을 해도 부모의 태도가 강압적이고 율법적이라면 자녀는 억압된 분위기만을 느낍니다. 가정예배를 잘 드리기 위해서는 자발적인 마음으로 드릴 수 있도록 부모가 기도로 준비해야 합니다. 그리고 가정예배에서 경험하는 분위기가 따뜻하고 사랑이 넘친다면 자녀는 평생 예배드리는 것이 기쁜 일임을 배우게 됩니다.

'주의 교훈과 훈계'가 무엇인지 부모가 먼저 깨달아야 합니다. 자녀가 잘되는 것을 부모가 원한다고 해서 부모의 뜻대로 자녀가 다 잘되는 것은 아닙니다. 주의 교훈과 훈계로 양육해야 자녀가 잘되는 것입니다.

초등학교 4학년 딸을 둔 어머니가 말씀묵상을 하며 적은 글을 읽은 적이 있습니다. 어머니는 아이가 아침에 머리를 헝클어뜨리고 있는 것을 봤습니다. 그래서 아이에게 머리를 빗고 학교에 가도록 권했습니다. 하지만 아이는 엄마의 말을 듣지 않았습니다. 여러 번 타일러도 말을 듣지 않자 어머니는 딸을 억지로 앉혀서 머리를 강제로 묶어준 뒤 학교에 보냈습니다. 딸은 속상한 마음에 울면서 학교로 갔습니다. 어머니는 아이와의 전투에서 승리했지만, 아이를 학교에 보내고 착잡한 마음으로 글을 쓰기 시작했습니다.

"진정한 사랑은 상대방을 앞지르는 것이 아니라 비켜서는 것이라는 생각을 해본다. 하고픈 말도 비켜설 줄 알고, 하고픈 행동도 비켜서는 것이리라. 그동안 아픈 상처를 남기며 딸아이를 앞질렀던 나의 언어와 행동들을 되돌아본다. 어쩌면 하나님을 앞질러서 딸아이를 향해 가지고 있던 나의 주인의식을 하나님께 돌려드려야 할지도 모른다. 오후에 아이가 학교에서 돌아오면 꼭 껴안아 주리라. 머리의 길고 짧음이 뭐 그리 대수인가?

매일 머리를 풀어도 좋다고 흔쾌히 말해주리라. 아홉 가지 좋은 것을 가졌어도 한 가지 나쁜 것 때문에 기쁨을 잃어버리기 쉬운 것이 사람이라면 열 가지 다 부족해도 내 모습 이대로 사랑해 주시는 하나님이 우리의 아버지 되심을 감사하리라."

이것이 딸아이를 존중하고자 하는 어머니의 사랑입니다. 어머니는 딸을 누르려고 하는 쪽보다 딸을 존중하는 사랑을 택했습니다. 자녀를 사랑하되 끝까지 사랑하고, 용서하되 끝까지 용서해야 합니다. 자녀는 부모가 가르친 용서와 사랑이 진짜인지 알고 싶어 합니다.

한동대 이기복 교수님은 고등학교에 올라간 딸의 성적이 떨어졌을 때 꼭 안아주면서 "난 널 성적과 상관없이 사랑한단다."라고 말했다고 합니다. 그런데 그다음에도 또 성적이 떨어졌답니다. 그때도 마음을 굳게 먹고 딸을 격려하고 칭찬했답니다. 얼마 후에 딸은 너무나 밝은 표정으로 세 번째 성적표를 가지고 왔습니다. 역시나 성적은 오르지 않았습니다. 순간 교수님은 실망했습니다. '내가 잘못 말했나?'라는 후회가 들기도 했습니다. 그런데 뒤이어 감사가 느껴졌습니다. 요즘 학생들이 성적 때문에 방황하고 거짓말하고 심지어 가출하기도 한다는 이야기를 들었는데 성적이 떨어져도 부모에게 당당히 말하는 딸이 있음에 감사했습니다.

부모는 자녀에게 유산을 물려줍니다. 물론 가정마다 물려줄 수 있는 유산의 종류와 크기는 모두 다릅니다. 부모는 여러 유산 중에 자녀에게 재산을 물려주려 매우 노력합니다. 부모가 더 이상 도와줄 수 없는 상황이 왔을 때, 재산이 자녀의 삶을 편안하고 행복하게 해 준다고 믿기 때문입니다. 그러나 그것은 어리석은 생각입니다. 우리 주위를 둘러보십시오. 막대한 재산을 유산으로 받고도 불행하고 형편없이 사는 사람들을 쉽게 볼 수 있습니다. 그 유산 때문에 행복한 경우보다 가정이 무너지는 모습을 쉽게 볼 수 있습니다. 한 청년의 기도 간증입니다.

"9년 전, 제가 고등학교에 입학할 무렵에 저는 부모님의 재정을 위한 기도를 시작했습니다. 당시 아버지는 다니시던 회사를 그만두고 지인과 동업을 시작하셨습니다. 아버지는 연구원이라는 직업을 좋아하셨지만 동업하면 많은 돈을 벌 수 있다는 이유로 연구원을 포기하셨습니다. 제가 어렸을 때부터 봐왔던 아버지는 욕심이 없고 작은 것에도 만족하는 분이었습니다. 아버지는 본인을 위한 욕심은 없으셨지만, 사랑하는 세 딸에게는 항상 더 좋은 것을 해주고 싶으셨습니다. 아버지는 좋아하는 일을 포기하고 돈을 벌기 위한 일을 택하셨습니다. 그런데 새롭게 시작한 아버지의 일은 녹록하지 않았습니다. 동업을 제안했던 아버지의 지인은 아버지를 자꾸 주님과 멀어지게 하고 세상을 바라보게 했습니다. 중요한 약속을 주일에 잡아 주일성수를 방해하기도 하고, 남을 속여 돈을 벌자고 부추기기도 했습니다. 아버지의 염려는 날이 갈수록 점점 더해졌습니다. 그러던 중 저는 신년부흥회에 참석하게 되었습니다. 그리고 저는 저도 모르게 감당하지 못할 기도를 했습니다. '주님, 돈이 없어도 좋아요. 가난해도 좋아요. 저희 아버지가 주님을 잘 믿기만 하게 해주세요.'라고 기도했습니다."

부모는 자녀에게 꼭 필요한 유산이 무엇인지 발견해야 합니다. 자녀들이 어떤 재산을 물려받길 원하는지 알아야 합니다. 자녀들이 진실로 원하는 유산은 재산이 아닐 수 있습니다. 재산보다 중요한 유산이 많습니다. 그 유산이 자녀가 삶을 살아가는 데 큰 도움이 될 것입니다.

Q. 출애굽기 20장 5-6절을 읽고 다음 질문에 답을 써 보십시오.

■ 아비의 죄가 아들에게 몇 대까지 전해진다고 했습니까?

■ 하나님의 은혜는 몇 대까지 전해진다고 했습니까?

부모는 축복의 유산을 계속 심어주고 쓴 뿌리의 유산은 끊어버려야 합니다. 자녀를 생각해서 죄짓지 말아야 합니다. 다윗이 밧세바와 간음해 낳은 아들이 죽었습니다. 그 아이가 무슨 죄가 있었겠습니까? 그러나 성경은 부모의 죄가 자손에게까지 미친다고 말합니다. 이 말씀이 얼마나 무서운 말인지를 알아야 합니다.

조상의 죄가 우리 안에도 있습니다. 상처가 나쁜 성격으로, 습관으로, 말투로, 또는 실제적인 고통으로 우리에게 영향을 미치고 있습니다. 우리에게서 끊어져야 할 것들입니다. 예수님의 보혈로 씻겨야 합니다. 그리고 후손에게는 오직 거듭난 새 생명의 삶을 물려줘야 합니다. 자녀들에게 물려줄 가장 큰 유산이 무엇입니까? 바로 아버지와 어머니가 믿음으로 살고 사랑 안에서 행복하게 사는 것을 보여주는 것입니다.

> 미국 건국 초기, 조나단 에드워즈Jonathan Edwards와 사라 피에르폰트Sarah Pierrepont 부부는 하나님만 신실하게 믿고 살기로 약속하고 통나무집을 지어 살림을 시작했습니다. 통나무집에서 11명의 자녀를 길렀는데 11명의 자녀는 200년 미국 역사책에 다 나옵니다.
>
> 부통령 1명, 주지사 3명, 대학 총장 13명, 변호사 139명, 판사 33명, 대법원 판사 11명, 75명의 대 사업가, 68명의 의사, 116명의 목사, 82명의 차관급 이상 공무원, 66명의 교수, 25명의 대발명가가 나왔습니다.
>
> 그 가문을 연구한 결과, 그들은 정작 자녀의 학업에는 크게 신경 쓰지 않았다고 합니다. 단지 부부가 아이들 앞에서 믿음, 소망, 사랑으로 행복하게 살아갔을 뿐입니다. 가정이 자녀들의 그릇을 크게 만들었던 것입니다.

성공한 사람을 보십시오. 그릇이 큰 사람입니다. 마음의 그릇이 크지 못하면 다 잃어버립니다. 같은 설교를 들어도 붙잡는 것은 그릇의 크기에 따라 다릅니다. 우리 자녀의 그릇은 얼마나 큽니까? 항아리 같습니까? 간장 종지 같습니까?

부모가 사랑하고 행복하게 사는 것을 보고 자란 아이는 마음의 그릇이 커집니다. 이 마음의 그릇이 가장 큰 유산입니다. 부모가 싸우는 것을 보면 자녀는 극심한 두려움에 사로잡힙니다. 부부가 싸우다 보면 "죽어라! 못 살겠다! 헤어지자!"와 같이 심한 말을 하기도 합니다. 그러나 말만 그렇게 하는 것이지 하루만 지나면 "여보, 이거 드셔보세요." 합니다. 그래서 '부부싸움은 칼로 물베기'라고 합니다. 그만큼 다투었다가도 금방 사이좋게 지낸다는 말입니다.

그러나 문제는 자녀들입니다. 그것을 보고 들은 자녀에게는 부부의 싸움이 단순한 문제가 아닙니다. 부모의 싸움은 자녀의 마음을 철렁하게 합니다. 그래서 부모가 싸우는 것을 자주 보고 자란 아이들은 항상 마음이 불안해하며 상처를 가지고 삽니다. 그러니 사람의 그릇이 쪼그라들 수밖에 없습니다. 겉으로는 멀쩡하지만 속은 깊이 병들어 있습니다. 죄의 유혹을 이기지 못합니다. 만약 사랑하는 나의 자녀가 이렇게 망가진다면 학원에 보내는 게 무슨 의미가 있는 것입니까? 좋은 대학에 보내면 뭘 합니까? 부모가 믿음으로 살고 사랑하는 것을 보고 자라야 믿음이 커집니다.

어느 잡지에 한 칸짜리 옥탑방에 세 들어 사는 한 부인을 인터뷰한 기사가 실렸습니다. 기자가 그 부인에게 물었습니다.

"언제 가장 행복합니까?"

"밤에 빨래를 널 때가 행복합니다. 그때 하늘의 별을 바라보면 '나는 행복한 여자구나!' 라는 생각이 듭니다."

기자가 다시 물었습니다.

"왜 밤중에 빨래하죠?"

"낮에는 주인집에서 빨랫줄을 써서 밤이 되야 제 차례가 와요."

기자는 그 말을 하는 부인의 눈에서 별이 총총 빛나고 있었다고 했습니다.

이처럼 사소한 것에서도 감사를 깨닫고, 세상을 아름답게 보고 '나는 정말 행복한 사람이구나!'라고 여기는 생각은 어떻게 생길까요?

그 부인에게는 5년 전부터 식물인간으로 누워 있는 남편이 있었습니다. 부인이 절망스러운 상황에서도 행복을 잃지 않은 비결은 바로 예수님이었습니다. 그녀는 자신을 위하여 십자가에서 죽으신 하나님의 사랑을 알았습니다. 죄 사함과 영원한 천국을 알았습니다. 낮에는 식당에서 설거지하면서 손에 물이 마를 날이 없었고, 밤에는 집안일하는 고달픈 생활 속에서도 구원의 감격이 있었기에 기쁨을 잃지 않았습니다.

엄마가 그렇게 사니까 초등학교에 다니는 딸도 잘 자랐습니다. 옥탑방에서 살아도 티 없이 맑은 아이로 잘 자라고 있었습니다. 딸은 노트에 글을 써서 아빠의 눈동자를 보고 의사소통을 한다고 합니다. 아빠와 눈으로 말하며 행복하게 아빠의 손을 자신의 볼에 대고 웃는 딸의 모습이 얼마나 아름다웠는지 기자는 그 모습에서 천상의 기쁨을 느꼈다고 했습니다.

내 의지와 노력으로 가정을, 배우자를, 부모와 자녀를, 바꾸려고 하면 안 됩니다. 그냥 서로를 믿어야 합니다. 믿음으로 계속 기도하고 순종하면 됩니다. 우리

가정의 분위기가 예수님이 함께 계실 때 분위기인가만 점검하기를 바랍니다.

어느 집사님에게 사춘기 딸이 있었습니다. 딸은 성격이 까다롭고 고집도 세서 키우기 힘든 아이였습니다. 그래서 초등학교 때는 항상 잔소리를 듣고 야단을 맞았습니다. 딸이 중학교에 들어가자 반항이 부쩍 심해졌습니다. 집사님은 딸을 다루는 일이 너무 힘들었습니다. 무거운 마음으로 기도하는데 주님께서 집사님에게 말씀하셨습니다.

"왜 나를 믿지 않느냐?"

놀란 집사님은 '그래, 야단만 치고 싸우고 걱정하고 좌절하는 것이 믿음이 아니구나!' 하고 깨달았습니다. 그래서 딸의 양육에 대해 예수님을 믿고, 예수님께 맡기고, 예수님께 순종하기로 결심했습니다. 처음에는 많은 용기가 필요했습니다. '과연 예수님이 역사해주실까?'하는 의심도 생겼습니다. 예수님을 믿는 것이 베드로가 물 위를 걷는 것 같더랍니다.

그런데 주님의 마음으로 딸을 보니 그동안 딸이 잘못되었다고 여겼던 것이 달리 보이더랍니다. 딸의 성품과 기질이 자기와 다르다는 것을 알았습니다. 집사님은 늘 어른들이 시키는 대로 살아서 창의성이 없었습니다. 반면, 딸은 누가 시키는 것을 싫어하고 자기가 주도적으로 하는 것에 열정을 갖는 것을 알았습니다. 그것이 '딸의 기질이사 상점'이라는 것을 깨달으며 딸을 있는 그대로 받아들이기로 했습니다.

그다음부터 이래라저래라 말하지 않기로 했습니다. 대신 기도 시간을 많이 가졌습니다. 학원이나 학습 방법을 선택하는 것부터 어떤 상황이든 먼저 지시하지 않고, 주님께서 응답하시기를 기다렸습니다. 아이가 잘못했을 때, 섣불리 야단치지 않고 더욱 주님의 마음을 품고 격려했습니다. 그러자 딸에게도 서서히 변화가 나타났습니다. 학교 성적도 70점에서 75점으로, 다시 80점으로 좋아지기 시작했습니다.

그러던 중학교 3학년 여름방학 때, 딸이 일주일간 마음껏 놀고 싶다고 했습니다. 예전 같으면 단칼에 거절해버렸겠지만 주님께 물었습니다. 그런데 집사님의 마음에 주님이 딸의 소원을 들어주라는 것 같아서 허락했습니다. 주님의 말씀에 순종하려 딸의 제안을 허락했지만, 집사님은 힘든 시간을 보냈습니다. 일주일간 마음에 드는 것이 하나도 없었습니다. 방에서 뒹굴고, 늦잠 자고, 음악 듣고, 친구 만나고, 컴퓨터 게임하고…. 야단치고 싶은 마음이 목까지 찼으나 꾹 참았답니다. 닷새째는 아이가 눈에 거슬려 폭발할 지경이었습니다. 하지만 집사님은 분노의 마음을 누르고 금식했습니다.

집사님 눈에 딸의 일주일은 '무의미하게 허비해 버린 시간', 그 이상도 이하도 아니었습니다. '괜히 아이한테 자유 시간을 허락했나' 하고 후회도 했습니다. 드디어 일주일이 되던 날, 외출했던 딸이 돌아오는 길에 예쁜 티셔츠 하나를 사서 집사님께 선물하며 이렇게 말했습니다.

"엄마, 엄마는 날 세 번 놀라게 했어. 내가 일주일간 내 맘대로 하고 싶다고 했을 때, 허락해 주지 않을 거라고 생각했거든. 근데 허락해 줘서 놀랐어. 두 번째는 사흘도 안 돼서 엄마가 화내고 잔소리할 거라고 생각했는데 아무 말도 하지 않아서 또 놀랐어. 마지막으로는 일주일간 단 한 번도 공부 얘길 하지 않아서 놀랐어. 그래서 무척 좋았고."

일주일 동안 딸이 엄마를 시험했던 것입니다. 한편으로는 당황스러웠지만, 또 다른 한편으로는 무척 안도했답니다. 딸은 "엄마, 날 믿어줘서 정말 고마워. 그리고 엄마가 정말 좋아. 일주일간 신나게 놀았으니까 이제 열심히 공부할 거야."라고 말했습니다. 만약

5과 **부모는 예수님의 교훈과 훈계로 자녀를 양육하라**

엄마가 화를 참지 못하고 폭발해버렸더라면 결코 들을 수 없는 말이었습니다.

그동안 자녀에게 상처만 심어주며 살았다고 염려하지 마십시오. 부모가 예수 그리스도 안에서 진정으로 거듭나면 자녀는 믿음의 능력을 더 확신합니다. 과거 부모가 보였던 실패가 자녀에게는 더 큰 은혜를 허락할 것입니다.

어느 교회 장로님 부부는 평소에 그렇게 싸웠답니다. 그러던 어느 날, 경찰서에서 걸핏하면 가출하던 아들을 보호하고 있으니 데려가라는 연락을 받았습니다. 장로님 부부는 목사님께 상담을 요청했습니다. 목사님은 이 부부에게 절대 야단치지 말고 사랑으로 감싸라고 말해주었습니다. 그래서 부부는 아들을 만나자 목까지 올라온 욕설을 삼키며 말했습니다.

"배고프지? 뭐 먹을래?"

그러자 아들이 움찔하더랍니다. 그리고 부부는 기도했습니다.

"하나님, 우리 아들을 사랑합니다. 하나님, 우리 아들을 사랑합니다."

그다음부터 장로님 부부는 아들을 위해 쇼를 시작했습니다. 함께 시장 가고, 설거지하고, 함께 기도했습니다. 그런데 이상한 것은 쇼두 하다 보니 점점 진심이 뇌었습니다. 3개월이 지난 후에는 장로님이 "이 녀석이 가출할 때가 되었는데 안 나가네요."라고 했다고 합니다. 새벽 한 시가 넘도록 공부하고 있는 아들의 방에 들어가니 아들이 "아빠, 내가 왜 그랬는지 모르겠어요!" 하며 싱긋 웃더랍니다. 그 얘기를 들은 장로님은 화장실에 가서 "하나님!" 하면서 울었다고 합니다.

한국 초대교회의 유명한 길선주 목사님의 아들은 술주정뱅이 망나니였습니다. 길선주 목사님이 장로님일 때, 장로님은 아들을 볼 때마다 야단쳤습니다. 안타까운 마음에 사랑으로 책망하고 지주했습니다. 그러나 장로님이 사랑이라는 이름으로 아들을 다그칠수록 아들은 더 빗나갔습니다. 한번은 미국 선교사님이 장로님에게 "아들을 저주하지 말고, 축복해보세요."라고 권면했습니다. 장로님은 그 말을 하나님 말씀으로 깨달았습니다. 아들을 향한 아버지의 안타까움과 노여움을 십자가에 못 박았습니다. 그리고 100일 동안 매일 새벽에 축복기도를 했습니다. 아버지의 눈으로 보지 못하던 것이 예수님의 눈으로 보였습니다. 술주정뱅이지만 하나님의 아들임이 믿어지고 그래서 더욱 축복하고 선포했습니다. 100일 기도가 끝난 다음 날 아침, 술에 취한 아들이 새벽기도회에 왔습니다. 그러고는 예배당에 주저앉아 대성통곡하며 울었습니다. 그날 이후, 아들의 삶은 완전히 변화되었습니다.

자녀를 양육하는 우리의 최종 목표는 좋은 성적을 얻거나 좋은 학교에 가는 것이 아닙니다. 자녀가 삶을 살면서 실패할 때, 좌절할 때, 절망할 때, 누구에게로 가야 하는지를 가르치는 것입니다. 그것이 주 안에서 자녀를 양육하는 방법입니다.

큰딸이 고등학생 때 캐나다로 유학을 갔다가 이후 미국에 있는 대학으로 진학했습니다. 마침 제가 미국에 부흥회가 있어 가는 길에 딸이 사는 곳으로 갔던 적이 있습니다. 힘든 사춘기 시절을 떨어져 지낸 딸과 하루를 보내고 공항에서 헤어져야 했습니다. 딸은 제가 보이지 않을 때까지 따라와 울며 손을 흔들었습니다. 딸의 모습을 보고 '얼마나 외로웠을까?' 하는 생각에 마음이 아팠습니다. 이후, 마침 큰딸이 몸도 아프고 새로운 집도 마련해야 했기에 아내는 두 주간 미국을 다녀오기로 했습니다. 아내는 둘째 딸과 함께 미국으로 향했습니다. 미국에 도착한 아내는 저에게 메일을 보내왔습니다.

"여보, 큰딸이 어떤 사람에게 메일을 보냈다는데 자기가 학교 갔다가 집에 왔을 때, 엄마가 집에 있는 것을 보면 울 것 같다고 했대요. 그 말을 들으니 나도 울컥했어요. 울지 않고 미국을 떠날 수 있을지 벌써 떠날 날이 걱정이에요. 여기가 너무 쓸쓸한 곳이라 혼자 두고 떠나기가 어렵네요."

아내와 둘째 딸이 한국으로 돌아온 다음 날, 큰딸은 SNS에 엄마와 동생과 헤어질 때의 일을 올렸습니다.

"공항에서 엄마와 동생이 헤어질 때, 보이지 않을 때까지 배웅하면서 울지 않고 참았다. 그렇게 하리라고 다짐하고 다짐했었다. 엄마와 동생을 보내고 차에 돌아왔다. 그런데 차에 기다리는 사람이 없을 때, 집에 돌아가는 차에서 옆자리가 비었다는 것을 느꼈을 때, 그때는 더 이상 울음을 참을 수 없었다. 집은 불빛 없이 캄캄했고 주방에서 요리하시는 엄마도 없었다. 방에서 컴퓨터 하던 동생도 없었다. 아무리 불러도 대답할 사람이 없다는 것을 알면서도 엄마와 동생을 부르고 또 부르며 울었다."

딸의 글을 읽고 눈물이 멈추지 않았습니다. 혼자 외로이 지내는 딸의 심정이 깊이 느껴졌습니다. 그런데 그 순간 주님이 주시는 말씀이 있었습니다.

"이제 네 딸들이 부모인 너희를 떠나 나에게로 오는 연습을 하는 것이다!"

주님의 말씀에 마음에는 평안이 찾아왔습니다. 자녀들의 생명줄은 부모가 아닙니다. 자녀들의 생명줄은 오직 예수님이십니다. 우리가 해야 하는 일은 자녀들이 예수님을 붙들도록 도와주는 것입니다.

여러분, "우리 가정, 우리 아이 고쳐 달라!"라고 하지 말고 그저 "나는 죽었습니다." 하시기 바랍니다. 사도 바울이 "이제는 내가 사는 것이 아니요!" 하고 고백한 것이 하나님이 축복하시는 역사의 첫 단계입니다. 어떻게 자녀가 주님을 바라보도록 도울 수 있을까요? 내 자식이라고만 생각하지 말고 주님이 부모인 자신을 통해 자녀를 사랑하신다는 것을 믿어야 합니다. 부모 자신이 주님을 바라보고 사는 것만이 유일한 방법입니다. 자녀가 힘들 때, 실패했을 때, '아버지는 이렇게 하셨지.', '어머니는 이렇게 주님과 동행하셨어.'라고 생각하게 됩니다. 부모가 주님을 바라보고 사는 것을 자녀가 본다면 자녀도 주님을 바라보게 됩니다.

선한목자교회
〈행복플러스 가정세미나〉강의

예수와 함께 죽고 예수로 사는 가정

■ 우리 가정의 분위기와 자녀와의 관계는 어떻습니까?
  어떻게 '주의 교훈과 훈계'로 양육하고 있습니까?

■ 자녀에게 어떤 영적 유산을 물려주고 싶습니까? 구체적으로 써 보십시오.

■ 자녀에게 영적 본보기가 되는 부모로 변화되기 위해
  기도문을 적고 자녀와 함께 기도하십시오.

■ 내가 이런 부모가 되게 하소서.

■ 자녀를 위한 가장 귀한 선물은 믿음의 유산입니다. 자녀가 그리스도의 형상을 닮은 하나님의 자녀로 세워지도록 부모로서 기도해야 할 내용을 써 보십시오.

■ 내 자녀가 이런 사람이 되게 하소서.

■ 남편이 아내에게 다시 쓰는 결혼 서약문

결혼 서약문

_____의 남편된 나 _____는(은)

_____

_____

_____

_____

_____

위의 내용을 하나님 앞에서 서약합니다.

_____ 년 _____ 월 _____ 일

언약자 _____ (서명)

■ 아내가 남편에게 다시 쓰는 결혼 서약문

결혼 서약문

_____의 아내된 나 _____는(은)

_____

_____

_____

_____

_____

위의 내용을 하나님 앞에서 서약합니다.

_____년 _____월 _____일

언약자 _____ (서명)

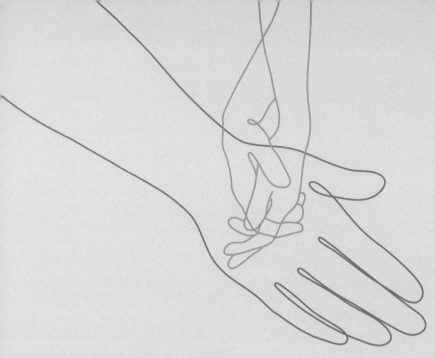

가정에서의
예수동행훈련

1. 예수동행훈련이란

함께 걷기

"여러분은 배우자가 여러분과 함께한다는 것을 믿으십니까?" 누군가 이렇게 물어본다면 이상한 질문이라고 여길 것입니다. 왜냐하면 부부가 함께한다는 것은 믿어야 할 일이 아니라 사실이기 때문입니다. 예수님과의 관계도 이와 같습니다. 예수님은 우리와 함께하십니다. 그리고 이것은 애써 믿어야 할 일이 아니라 예수님을 믿는 우리에게 주어진 놀라운 특권입니다. 예수님이 이 땅에서 제자들에게 마지막으로 이렇게 말씀하셨습니다. "내가 세상 끝날까지 너희와 항상 함께 있으리라(마 28:20)" 예수님은 이 말씀처럼 지금도 여러분 안에 계시며 여러분과 함께하십니다. 이것을 믿고 여러분 안에 거하시는 예수님과 함께 사는 것이 예수님과의 동행입니다. 하지만 예수님과 동행을 지속하는 것은 한순간에 되는 일이 아닙니다.

함께 연습하기

많은 부부가 신혼에 잦은 다툼을 벌입니다. 오랜 시간 각자 다르게 살아오다가 서로를 이해하고 맞추는 데 어려움을 겪기 때문입니다. 이처럼 사랑해서 결혼한 부

가정에서도 예수님과 동행해야 한다

부도 함께 사는 데에는 시간과 노력이 필요합니다. 마찬가지로 예수님과 친밀히 동행하는 것도 훈련이 필요합니다. 성경에서 보는 하나님의 사람들도 그러했습니다. 아브라함, 에녹, 요셉 등 많은 믿음의 선조는 하나님과 함께 사는 훈련을 했습니다.

저는 2009년, 건강 문제로 제주도에 조그만 집을 빌려 지내며 휴식하는 안식월을 갖게 되었습니다. 그때 한 달 동안 아내와 한가지 실험을 해봤습니다. 안식월 기간에 예수님만 바라보며 살기로 했습니다.

"예수님, 오늘은 뭐 할까요?", "예수님, 내일 주일인데 어느 교회에서 예배드릴까요?"

이렇게 계속 함께 하시는 예수님을 의식하며 살았고, 그 경험을 날마다 일기로 남겼습니다. 안식월이 끝나고 다시 교회로 복귀했습니다. 한 달 동안의 경험이 기적적인 변화를 일으키진 않았습니다. 그러나 한 가지 사실이 온전히 믿어졌습니다. 바로, 예수님이 나와 함께 계신다는 사실이었습니다.

예수님의 함께하심이 믿어지니 모든 것이 달라졌습니다. 안식월이 끝나가도 무엇을 해야 한다는 초조함, 이뤄야 한다는 불안함, 아쉬움, 두려움이 사라졌습니다. 당장 담임목사직을 내려놓는다고 해도 아무 문제가 되시 않을 만큼 마음엔 행복함으로 가득했습니다. 그래서 이 기쁨을 성도들과 함께 공유하고 싶어서 같이 일기를 쓰기 시작했습니다. 그 후로 '예수님과 동행하는 일기'를 쓰는 많은 성도가 놀라운 변화를 경험하는 것을 봤습니다. 이렇게 시작된 것이 '예수동행일기'입니다.

함께 기록하기

예수님과 동행하는 훈련을 하기 위해서 왜 꼭 일기를 써야 하는지 물을 수 있습니다. 일기를 쓰는 일이 부담스럽고 숙제같이 익숙하지 않기에 힘들게 느껴지기 때문입니다. 하지만 일기에는 분명하고도 큰 유익이 있습니다. 일기는 받은 은혜를 담아내는 그릇과 같습니다. 하나님은 평범해 보이는 우리의 하루에도 많은 은혜를 허락하십니다. 그러나 다음날이면 기억조차 안 날 때가 많습니다. 엄청난 은혜를 받고도 은혜받은 줄도 모르고 사는 이유가 여기 있습니다. 그래서 기록하는 일이 중요한 것입니다. 기록한 것은 받은 은혜의 소중한 증거가 됩니다. 그 대표적인 경우가 기록된 하나님의 말씀, 성경입니다.

하지만 주의할 점이 있습니다. 예수동행일기의 초점은 단순히 하루에 일어난 일들을 기록하는 것이 아닙니다. '예수님과의 친밀한 동행'에 중심을 두고 하루 동안 자신의 삶을 돌아보며 얼마나 예수님을 의식하고 지냈는지, 아침에 눈뜰 때부터 잠자리에 들 때까지 예수님을 얼마나 생각했는지, 예수님을 잊고 지낸 시간은 없었는지 기록하는 것입니다. 이는 예수님을 생각하며 사는 데 큰 도움이 됩니다. 비록 어떤 날은 예수님을 생각하지 못하고 살았다 하더라도 다음날은 예수님을 의식하게 되고 예수님과 동행하려 노력하게 됩니다.

아무리 우리에게 좋은 일이라고 해도 꾸준히 하는 것은 쉬운 일이 아닙니다. 예수동행일기 또한 마찬가지입니다. 이 값진 일도 혼자 하게 되면 쉽게 그만두게 됩니다. 그래서 가족이나, 친구, 동역자와 함께 소그룹을 만들어서 쓰도록 권하는 것입니다. 이처럼 일기를 서로 나누면서 응원하고 격려하면 주님 안에서 건강한

가정에서도 예수님과 동행해야 한다

공동체로 세워질 수 있습니다. 예수동행일기는 나뿐만 아니라 배우자에게도 예수님과의 친밀한 동행을 훈련할 수 있는 가장 효과적인 방법이자 은혜를 담아내는 그릇입니다. 예수동행일기를 쓰다 보면 여러분의 마음이 주님 앞에 밝히 드러나는 것을 느끼게 될 것이며, 여러분의 믿음과 삶에 분명한 변화가 찾아오기 시작할 것입니다.

2. 부부가 함께 예수동행일기를 쓰면 이런 변화가 있습니다

한 사람에게는 여러 종류의 관계가 존재합니다. 그 중, 성경은 부부를 한 몸이라 말합니다. 그래서 부부가 함께 예수동행일기를 쓸 때, 다른 관계에서는 경험할 수 없는 유익과 은혜를 경험하게 됩니다.

1) 함께 성장하게 됩니다.

영적으로 성숙해진다는 것은 마음에 계신 예수님이 분명히 믿어지고 자연스레 주님을 의식하게 되는 것입니다. 가정의 행복은 바로 이러한 영적인 성숙에 따라 좌우됩니다. 예배를 빠지지 않으며 헌금과 기도를 많이 하는 등 '교회 생활'을 아무리 열심히 한다고 해도 가정에서 예수님을 의식하며 살지 않는다면 그 가정은 행복할 수 없습니다. 부부가 둘 다 영적으로 성숙하다면 그 가정은 천국을 이루며 삽니다. 하지만 부부가 모두 영적으로 성숙하지 못한 어린아이인 경우라면 어떨까요? 4살과 7살짜리 어린아이 둘이 함께 산다고 상상해 보십시오. 싸움이 일어나면 멈추는 것도, 해결되는 것도, 어렵습니다. 어떤 사람은 부부가 싸우더라도 대화를 많이 하면 해결된다고 생각합니다. 하지만 부부의 대화시간과 친밀도는 비례하지 않습니다. 대화를 많이 한다고 모든 오해가 풀리는 것은 아닙니다. 대화를 하는 것이 중요한 것이 아니라 대화라는 좋은 도구를 어떻게 사용하느냐가 중요합니다. 그리고 그 대화라는 도구를 잘 사용하는 것이 성숙함과 관련되어 있습니다. 어린아이 같은 사람은 상대방의 이야기를 듣지 않고 자기주장과 자기변호만 하기 때문입니다.

처음부터 영적으로 성숙하고 온전한 사람은 없습니다. 누구나 영적인 어린아이 단계를 지납니다. 영적으로 성숙해지는 과정에서 부부가 함께 예수동행일기를 쓴다면 이 성숙의 과정을 누구보다 가깝게 보며 기쁨을 누릴 수 있습니다. 부부가 한집에 살고, 함께 많은 시간을 보낸다고 해서 서로가 언제, 얼마만큼 영적으로 성장하는지 아는 것은 아닙니다. 배우자가 하나님과 어떻게 교제하고 동행하는지, 하나님께서 배우자에게 어떤 마음을 주시는지는 알기 어려운 일입니다. 하지만 매일 서로의 일기를 나누면 배우자가 경험하는 은혜와 열매를 함께 발견합니다. 자신이 예수님과 동행하며 누리는 은혜뿐만 아니라 배우자와 함께하시는 예수님을 보며 함께 성장합니다. 배우자도 마찬가지일 것입니다.

가정에서도 예수님과 동행해야 한다

2) 배우자를 귀하게 여기게 된다.

성경은 부부를 한 몸이라고 말합니다. '사랑해야 한다.', '신뢰해야 한다.', '헌신해야 한다.'를 넘어 한 몸이 돼야 한다고 합니다. 예수님을 믿는 부부임에도 부부 관계가 병들고 무너진 사람들이 있습니다. 그렇게 된 데에는 여러 이유가 있을 것입니다. 재정 문제, 직장 문제, 가정 문제 등 현실적인 여러 문제가 있을 수 있습니다. 하지만 수많은 문제보다 가장 중요하고 근본적인 문제는 부부간 관계입니다.

만약 누군가에게 "부부 사이의 관계가 중요한가요? 아니면 직장동료와의 관계가 더 중요한가요?"라고 물으면 당연히 부부 사이의 관계가 더 중요하다고 답할 것입니다. 하지만 우리는 많은 경우에 중요하다고 생각하는 부부보다, 타인인 직장동료를 더 존중하며 배려하는 태도를 보입니다. 남에게는 친절하게 대하지만 나의 배우자에게는 가족이라는 핑계로 무심하거나 이기적으로 대할 때가 많습니다.

마귀는 우리 마음속에 있는 이기심과 자기중심성을 가지고 가정을 흔듭니다. 배우자를 배려하고 이해하려 하기보다 자신만 생각하게 된다면 마귀에게 휘둘리고 있는 것입니다. 마귀가 개인과 가정을 흔들지 못하게 하려면 자신의 마음을 굳게 지켜야 합니다. 예수동행일기를 써보면 직장과 가정에서 자신이 어떤 마음으로 살아가며, 어떻게 다른 사람을 대하는지 알게 됩니다. 가상 가까운 사람에게 오히려 가장 소홀하게 대하진 않았는지, 마귀가 부부를 흔들고 있지는 않은지 점검해야 합니다. 그렇게 하나님께서 한 몸 되게 하신 부부 관계를 힘써 지켜야 합니다.

3) 배우자를 잘 이해하게 되고, 마음을 더 열게 된다.

누군가와 함께하는 시간이 많아지면 관계는 더욱 친밀해집니다. 함께 시간을 많이 보내면 친해지고, 친해지면 그 사람을 사랑하게 됩니다. 우리는 다 주님을 사랑한다고 말합니다. 그러나 말만 주님을 사랑한다고 하며 실제로 사랑을 느끼지 못하는 그리스도인들이 많습니다. 그렇다면 주님과 친밀히 동행하며 살고 있는지 돌아봐야 합니다. 부부의 친밀함이 부부 관계의 생명인 것처럼 주님과의 친밀함도 영적인 생명이 걸린 문제입니다.

> 제 아내가 한번은 선교사 모임에서 말씀을 전할 때, '주님, 오늘 점심은 어디에서 먹을까요? 오늘 장을 봐야 하는데 언제 갈까요? 무엇을 살까요?'라고 매 순간 주님께 물으며 주님과 친밀히 동행하려고 노력한다고 했습니다. 그러자 한 선교사님이 "그렇게 미주알고주알 다 주님께 물어보면 우리에게 자유의지를 주신 하나님의 뜻에 거스르는 것이 아닙니까?"라고 물으셨습니다. 제 아내는 그 순간 주님께 '뭐라고 대답해야 합니까?' 하고 여쭤보았답니다. 그때 주님께서 아내에게 이렇게 되물어보셨습니다.
> "지금 너희들의 진정한 문제는 나에게 미주알고주알 다 물어보는 것이냐, 아니면 물어봐야 하는데도 묻지 않는 것이냐?"

시시콜콜 주님께 묻고 또 물으며 사는 것은 자유의지가 없는 것도 아니고, 얽매여 사는 것도 아닙니다. 바로 사랑에 빠진 것입니다. 부부의 관계와 매우 비슷합니다. 사랑하는 사람과는 사소한 것까지도 공유하고 대화하고 싶어합니다. 그렇게

가정에서도 예수님과 동행해야 한다

모든 것을 함께 공유하면 배우자를 더 깊이 이해할 수 있습니다. 예수동행일기를 통해서 부부는 서로 영적인 부분을 공유할 수 있습니다. 왜 그렇게 하는지, 왜 그렇게 하지 않는지 등 말로 표현할 수 없는 부분까지도 예수님과 동행한 기록을 나누면서 배우자에 대해 더 깊이 알 수 있습니다. 이처럼 서로에 대하여 깊이 알게 되면 배우자를 이해하려 노력하지 않아도 이해되는 놀라운 일이 일어납니다.

부부가 함께 예수동행일기를 나누면서 몰랐던 배우자의 마음을 알게 되었다는 이야기를 많이 합니다. 저도 마찬가지였습니다. 주님께 마음을 열게 되면 서로에게도 마음을 열게 됩니다. 부부가 함께 예수동행일기를 나누면 서로의 일기를 보면서 마음을 이해하게 됩니다. 그때 어떻게 생각했고 어떤 마음을 가졌는지 알게 됩니다. 예수님과의 친밀함이 부부 사이에 친밀함으로 나타나게 됩니다. 예수님과의 친밀함이 깊어질수록 배우자와의 친밀함도 점점 더 깊어집니다. 배우자를 억지로 이해하는 것이 아니라 마음이 열리고 진심으로 서로를 이해하게 됩니다. 서로에 대하여 깊이 알게 되면서 이해를 넘어 사랑하고 순종하는 자리까지 나아가게 됩니다.

4) 배우자를 더욱 사랑하게 되다.

한 집사님이 행복한 가정을 꿈꾸며 결혼했습니다. 그러나 집사님의 결혼생활은 생각보다 행복하지 않았습니다. 결혼하고 4년이 지난 후, 집사님의 마음은 상처투성이가 되어 있었습니다. 여러 일로 남편에 대한 신뢰가 무너졌고 가장 행복해야 할 부부가 가장

예수와 함께 죽고 예수로 사는 가정

고통스러운 관계가 되었습니다. 그러던 어느 날 기도하던 중에 주님이 이런 마음을 주셨습니다.

"너는 왜 남편만 바라보느냐?"

그 순간 집사님은 빛이 비취는 것 같았습니다. 집사님은 '그래 이제부터는 남편을 보되, 예수님을 바라보는 거야!'라고 마음을 다잡았습니다. 쉬운 일은 아니었지만 마음을 잡고 노력하다 보니 남편을 대하는 자세가 바뀌었습니다. 예수님을 바라보며 남편을 대하니 절대 변하지 않을 것 같았던 남편이 스스로 변했습니다. 주님과 남편과의 관계가 바로 세워지니 남편의 자존감도 세워졌고, 대화가 가능해졌습니다. 집사님이 예수님을 바라보기 시작하니 가정 안에 변화가 줄지어 일어났습니다.

부부는 의견이 안 맞을 때, 재정적인 문제가 있을 때, 서운하게 느낄 때 등 여러 이유로 싸웁니다. 하지만 그리스도인 부부 안에 싸움이 일어나는 이유는, 그 안에 계신 예수님을 아무도 바라보지 않기 때문입니다. 부부 중 누구라도 함께하는 예수님을 의식하게 된다면 싸움이 일어나지 않습니다. 함께 예수동행일기를 쓰면 배우자와 함께하시는 예수님을 보게 됩니다. 처음부터 완전히 싸움이 사라지지 않을 수 있습니다. 하지만 시간이 지나다 보면 다투는 횟수가 줄어들고, 싸워도 오래가지 않는다는 사실을 발견하게 됩니다. 남편이 아내를, 아내가 남편을 예수님을 통해 이해했기 때문입니다. 그리고 상대방을 향한 이해심은 차차 서로를 향한 깊은 사랑으로 발전합니다.

3. 이런 것은 조심해야 합니다

부부가 함께 쓸 때 몇 가지 유의할 점이 있습니다. 너무 가까운 사이이기 때문에 함께 일기를 쓰다 보면 실수하거나 배우자의 마음을 상하게 할 수 있습니다. 이런 일을 방지하기 위해 부부가 약속을 정해놓으면 안전하고 사랑이 더욱 깊어지는 나눔의 공간을 만들 수 있습니다. 서로를 위한 작은 약속이 부부의 버팀목이 될 것입니다.

첫째, 나눔방은 현실과 같은 공간입니다.

예수동행일기 나눔방은 마음을 여는 공간입니다. 온라인상에만 존재하는 가상의 공간이 아니라 현실과 같이 서로에게 영향을 줄 수 있는 공간임을 기억해야 합니다. 때로 현실에서 볼 수 없는 배우자의 마음 깊은 곳까지도 들여다볼 수 있는 공간임을 인식해야 합니다.

둘째, 배우자를 위해 기도해야 합니다.

서로의 일기를 공유하면 배우자의 새로운 모습을 발견하게 됩니다. 배우자가 말하지 않았던 내면의 생각과 마음까지 알 수 있습니다. 더 나아가 배우자의 부족한

예수와 함께 죽고 예수로 사는 가정

부분이나 실수까지도 알게 됩니다. 하지만 여기서 중요한 것은, 일기를 통해 배우자의 연약함을 알게 되었다면 그것을 위해 기도해야 한다는 것입니다. 물론 배우자를 너무 사랑하기에 가르치거나 충고해주고 싶을 때가 있을 수 있습니다. 하지만 내가 아니라 주님께서 직접 내 배우자를 도우시고 가르치시도록 기도해야 합니다.

셋째, 감정을 전하는 공간이 아닙니다.

예수동행일기를 매일 기록하다 보면 어느 날에는 자녀와 충돌이 있을 때도 있고 배우자와 다툴 때도 있을 것입니다. 부부싸움을 한 날은, 서로에 대해 좋지 않은 감정을 가지고 일기를 쓰기 쉽습니다. 하지만 우리가 기억해야 할 것은 나눔방은 배우자에게 감정을 쏟아내는 공간이 아니라는 것입니다. '예수님과 동행하는 일기'가 '감정일기'가 돼서는 안 됩니다. 배우자에게 말로 표현하지 못했던 감정이나 기분을 쏟아내는 공간이 아니라 하루 동안 나와 동행하신 주님을 기록하는 공간임을 기억해야 합니다. 특히 마귀가 주는 생각을 자기 생각처럼 일기에 쓰는 것은 정말 조심해야 합니다. 그것은 정직한 일기가 아니라 마귀에게 속은 어리석음입니다.

넷째, 꾸준함이 필요합니다.

영적인 성장은 지속성과 밀접한 연관이 있습니다. 꾸준히 반복해야 온전히 나의 것으로 만들 수 있습니다. 영적인 성장을 위해 예수동행일기 또한 꾸준히 쓰는 것

가정에서도 예수님과 동행해야 한다

이 중요합니다. 아무 일이 안 일어나는 날도 있고, 견디기 어려울 만큼 큰일이 일어나는 날도 있습니다. 그러나 우리의 삶이 어떠하든 예수님이 우리와 항상 함께하신다는 것은 절대 변하지 않습니다. 그 예수님과 동행하는 끈을 놓치지 않는 것이 예수님과 동행하는 영적 근육을 키웁니다. 어려울 때 더욱 예수님과 동행하는 것을 기록하면서 부부가 함께 어려움을 이겨나갈 수 있습니다.

다섯째, 부부 나눔방은 함께 만들어 가는 것입니다.

부부 나눔방은 남편과 아내만 일기를 나누는 방입니다. 나눔방을 아름답게 만들어 가는 데는 남편과 아내, 모두에게 책임이 있습니다. 믿음이 좀 더 성숙한 사람에게만 책임이 있는 것이 아닙니다. 부부는 가정의 작은 교회입니다. 교회가 아름다운 공동체가 되기 위해서는 서로를 향한 그리스도를 닮은 섬김과 돌봄이 필요하듯 가정에도 동일한 섬김과 돌봄이 필요합니다. 서로의 일기에 댓글로 격려하고, 일기를 통해 배우자의 마음과 상황을 위해 삶에서 배려해주게 된다면 서로를 향한 사랑이 더욱 깊어질 수밖에 없습니다.

■ 책 소개

예수동행일기를 훈련하기 좋은 책
예수동행일기(유기성, 도서출판위드지저스)

부부가 함께 읽으면 좋은 책
십자가에서 살아난 가정(유기성, 두란노)

부부가 함께 쓴
예수동행일기

남편의 일기

집에서 점심을 간단히 먹고, 온 가족이 아내가 근무하였던 00고등학교로 갔습니다.

오늘은 아내가 교육공무원 교사 사직서를 제출하는 날입니다.

'아내가 사직서를 내러 혼자 가게 되면 어떡하나?'라고 생각했는데 함께 갈 수 있어서 참 다행이었습니다.

가는 길, 아내의 마음에 평안함이 흐르고 있어서 참 감사했습니다.

오히려 교사를 내려놓는 것은 아내보다 제게 더 큰 현실이었나 봅니다.

차 안에서 그동안 있었던 여러 일을 생각합니다.

아내가 공부했던 시간, 임용시험을 붙고 저를 만난 일, 교사로 근무하며 섬겼던 은혜,

휴직하면서 가정과 교회에 전념했던 시간… 그동안의 일이 주마등처럼 지나갔습니다.

처음에는 재정과 상관없이 아내가 교사를 했지만, 이제는 그 안정감이 마지막 끈이 되었습니다.

끈을 끊으니 비로소 하나님께서 저와 아내를, 우리 아이들을 있는 힘껏 붙들고 계심이

가정에서도 예수님과 동행해야 한다

느껴지는 것 같습니다.

오히려 생각이 단순해집니다. 저와 아내에게 주시는 사명도 단순하고 분명해집니다.

하나님이 아내에게 주신 달란트가 귀한 통로가 되도록 도와야겠습니다.

기도는 10년간 해왔는데, 사직 처리는 단 10분 만에 서류 몇 장으로 끝났습니다.

아내가 교사가 되고 남은 건 결혼이고, 가정이었노라 웃으며 말합니다.

아내에게 당신은 하나님께 드릴 수 있는 가장 아름다운 순종을 드렸다고 이야기해 주었습니다.

저녁에는 가족끼리 파티하며 특별한 시간을 보냈습니다.

하나님께서 이끄실 일을 기대하며 예배도 드렸습니다.

아내의 일기

처리해야 할 마지막 절차를 위해 학교에 다녀왔습니다.

지필고 서류 두 상을 삭성하니 마무리가 되네요.

정말 어렵게 시작했는데 마무리는 참 쉽네요. 주님. ^^

오랜 시간, 그리고 최근까지 이미 마음 정리가 되었기에 가는 길에 잠이 쏟아질 정도로 평안했습니다.

그런데 막상 인사하고 나와서 차를 타고 이동하는데 눈물이 쏟아졌습니다.

아쉬움이나 슬픔의 눈물이 아닌, 뭐라 말로 표현할 수 없는 눈물이었습니다.

마치 경주를 잘 마친 선수가 너무 기쁘지만, 그동안의 과정들이 스쳐 지나가며 흘리는 눈물 같다고 해야 할까요.

전혀 예상하지 못해서 당황스러운 마음에 나 왜 우냐고 남편에게 물었더니 남편은 예상했던 일이라고, 그래서 꼭 같이 오고 싶었다고 해줍니다.

엄마와 동생의 메시지에 또 울컥했습니다.

엄마의 믿음, 주님이 아시지요? 진정으로 나를 사랑해주는 가족이 있고 동역자들이 있고 주님이 계셔서 행복합니다.

모처럼 가족들과 보내는 시간이 허락되어서 감사합니다.

마침 오늘 일정이 주님이 예비하신 것 같다는 생각이 들어서 주님의 위로와 격려, 그리고 사랑으로 받습니다.

나조차 예상 못했던 감정까지 깊이 배려해주는 남편을 허락해주셔서 감사합니다.

무엇을 포기하더라도 절대 바꿀 수 없는 남편, 사명 그리고 주님이십니다. ^^

사랑해요. 주님.

가정에서도 예수님과 동행해야 한다

예수와 함께 죽고 예수로 사는 가정

초판 1쇄 발행 2022년 6월 24일
초판 3쇄 발행 2024년 2월 28일

지은이   유기성 박리부가

기획·편집 홍정호 유지영 김지영
디자인   시월

펴낸곳   도서출판 위드지저스
등록번호   제251-2021-000163호
주 소   경기도 성남시 수정구 헌릉로 999 402호
전 화   031-759-8308 | **팩 스**   031-759-8309
전자우편   wjp@wjm.kr

Copyright © 유기성, 2022, Printed in Korea

ISBN 979-11-91027-18-1(04230)
      979-11-91027-17-4(세트)